El amor después del amor

Laura Ferrero
Marc Pallarès

El amor
después del amor

Papel certificado por el Forest Stewardship Council®

Primera edición: mayo de 2025

© 2018, 2025, Laura Ferrero, por el texto
© 2018, 2025, Marc Pallarès, por las ilustraciones
c/o MB Agencia Literaria, S. L.
© 2025, Penguin Random House Grupo Editorial, S. A. U.
Travessera de Gràcia, 47-49. 08021 Barcelona

Idea original: Laura Ferrero

© Diseño: Penguin Random House Grupo Editorial, inspirado en un diseño original de Enric Satué

Penguin Random House Grupo Editorial apoya la protección de la propiedad intelectual. La propiedad intelectual estimula la creatividad, defiende la diversidad en el ámbito de las ideas y el conocimiento, promueve la libre expresión y favorece una cultura viva. Gracias por comprar una edición autorizada de este libro y por respetar las leyes de propiedad intelectual al no reproducir ni distribuir ninguna parte de esta obra por ningún medio sin permiso. Al hacerlo está respaldando a los autores y permitiendo que PRHGE continúe publicando libros para todos los lectores. De conformidad con lo dispuesto en el artículo 67.3 del Real Decreto Ley 24/2021, de 2 de noviembre, PRHGE se reserva expresamente los derechos de reproducción y de uso de esta obra y de todos sus elementos mediante medios de lectura mecánica y otros medios adecuados a tal fin. Diríjase a CEDRO (Centro Español de Derechos Reprográficos, http://www.cedro.org) si necesita reproducir algún fragmento de esta obra.
En caso de necesidad, contacte con: seguridadproductos@penguinrandomhouse.com

Printed in Spain — Impreso en España

ISBN: 978-84-10496-74-3
Depósito legal: B-4793-2025

Compuesto en MT Color & Diseño, S. L.
Impreso en Gómez Aparicio, S. L., Casarrubuelos (Madrid)

AL96743

Índice

Introducción   11
Nota a esta edición   15

Sobre qué cosa es el amor   17

Copos de nieve idénticos
Sofia Coppola y Spike Jonze   21

Contra los recuerdos
Taylor Swift y Jake Gyllenhaal   31

El espacio negativo
Suzanne Valadon y Erik Satie   37

Lo que se olvida es el amor
Nora Ephron   45

Podrías hacer de esto algo bonito (o no)
Maggie Smith   51

¿Ves?, este sí es un hombre
Oriana Fallaci y François Pelou   55

Siempre nos quedará Layla
Eric Clapton, George Harrison y Pattie Boyd   63

La historia de un largo adiós
Sophie Calle   69

Todo lo que *ya no*
Idea Vilariño y Juan Carlos Onetti   75

Un principio. Y un museo lleno de finales   83

Gracias, Emma
Bon Iver   87

Ese señor que no soy yo
Emma Cohen y Fernando Fernán Gómez   95

Nadie ama a un niño genio
Jean-Michel Basquiat y Madonna   101

Una pareja de tres
Julian Barnes, Pat Kavanagh
   y Jeanette Winterson   109

El disco de las rupturas
Fleetwood Mac   113

Sobre el amor y la vejez
Johann Wolfgang von Goethe
   y Ulrike von Levetzow   119

Summer no era una zorra
Scott Neustadter   123

Todos los colores
Amy Winehouse   129

Una venganza de treinta y tres pisos
Corina Kavanagh   139

A la hora de las palabras
Sharon Olds   143

La vida después del abandono
Camille Claudel y Auguste Rodin   149

Sin cura —aún— para el desamor   157

Otro como tú
Adele   163

Autorretrato desde mi cama
Tracey Emin   171

Ted y Sylvia. Sylvia y Ted. Y Assia. Y todos
   los demás
Sylvia Plath, Ted Hughes y Assia Wevill   175

Sobre desaparecer en una piscina
David Hockney y Peter Schlesinger   183

Pronto fue demasiado tarde
Marguerite Duras   189

Relámpagos. Cambios. A ti
Richard Linklater   195

Respirar por la herida
Søren Kierkegaard y Regine Olsen   201

Objeto de destrucción. Objeto indestructible
Lee Miller y Man Ray   209

La palabra que falta
Emily Dickinson y Susan Huntington   213

No estamos tan solos
Peyton Fulford   219

El pegamento dura lo que dura
Marina Abramović y Ulay   223

El desamor de mi vida
(A modo de epílogo)   233

Introducción

Es un pájaro pequeño, ágil. De plumaje oscuro. En su pecho se distinguen unas líneas horizontales blancas que son particularmente visibles en las hembras. El ave, el 'ō'ō de Kauai, pertenece a la especie *Moho braccatus*, que habita los bosques subtropicales del archipiélago de Hawái. Aunque, en realidad, sería más preciso utilizar aquí un tiempo verbal pretérito y decir que *habitaba* los altos bosques de la isla hawaiana de Kauai. Lo hizo hasta finales del siglo xx. En la década de los ochenta quedaban apenas dos ejemplares de la especie: un macho y una hembra. Su población se había visto diezmada, entre otras razones, por la aparición de nuevos depredadores o por la llegada de devastadores huracanes que arrasaron su hábitat.

Pero quedaba una pareja. Y, por tanto, quedaba también un finísimo hilo de esperanza que se truncó en 1982, cuando la hembra murió a consecuencia del huracán Iwa.

Así que volvemos a ese pájaro pequeño y ágil que, cuando llega el periodo de apareamiento, empieza a cantar. De fondo, acompañando su canto, se oye una tormenta, pero el pájaro sigue a lo suyo y la tonadilla —melodiosa, juguetona, alegre— se eleva obviando los truenos y el sonido del agua que comienza a caer. La está llamando a ella, a su compañera. Una y otra vez repite su ruego para que acuda. Sin embargo, ella ya no está ahí.

Desconocedor de las consecuencias del Iwa, él canta, canta. Y canta. Lentamente, esa melodía que en un primer momento contenía en sí la promesa y la alegría del reencuentro revela la pregunta, la incertidumbre, la tristeza. ¿Y si no regresa?

Por desgracia, no hay manera de averiguar qué le sucedió al último *Moho braccatus* cuando reparó en que ella no volvería. Quizás abandonara su rama y, contrariado y triste, se dirigiera hacia la tormenta. O tal vez, enfadado, vengativo, se marchara en busca de otra hembra que le hiciera más caso, sin saber que ya no habría otra. Nunca más. Sobre sus plumas, mojadas, más pesadas, se cernía también la definitiva carga de ser el último ejemplar de una especie ya extinta.

Es imposible conocer el desenlace. La historia, sin embargo, se cuenta en el documental *32 Sounds*, donde la conservadora de sonidos naturales de la Biblioteca Británica, que guarda una de las colecciones de grabaciones más grandes del mundo, afirma compungida que, de entre los seis millones de sonidos que alberga la biblioteca, ese es, en su opinión, el más emocionante.

A pesar de que en el mundo animal no se pueda hablar estrictamente de amor, desamor o duelo —son delirios de nuestro propio antropomorfismo— esa grabación, con un pájaro pequeño que repite una queja que lanza al aire, se convierte en epítome de una tristeza que nos resulta conocida. Esa diminuta ave es el recordatorio de que existen muchos tipos de soledades, pero una de las peores es aquella que se enfrenta a la pregunta de qué hacemos ante la pérdida, ante la ausencia irrevocable.

Dicen unos versos de la poeta norteamericana Louise Glück que «Buscamos el amor. / Lo buscamos toda nuestra vida. / Incluso después de encontrarlo». Se podría añadir que, en especial, lo buscamos después de haberlo perdido, tratando de dar con una explicación plausible para su extravío, intentando vislumbrar las pistas que apuntaban a un ocaso que no supimos intuir. Pero así como resulta imposible rastrear el final de los grandes imperios y civilizaciones, o dar con el instante preciso en que las épocas doradas empezaron a deslustrarse, igual de infructuoso sería tratar de cartografiar el desamor. Tendríamos que conformarnos con marcar su vasto territorio bajo el desesperanzador rótulo de *terra incognita*.

El amor tiene la misma explicación que el final del amor, es decir, ninguna. Aunque la ciencia lo intenta. Por ejemplo, hace más de treinta años que la antropóloga Helen Fisher se dedica a estudiar el amor y su efecto en el cerebro. Entre sus múltiples estudios, se cuenta uno en que Fisher y otros colegas pusieron a treinta y siete personas dentro de un escáner para someterlas a una resonancia magnética del cerebro. Todas ellas estaban enamoradísimas en ese momento. Diecisiete de manera correspondida, felizmente enamoradas, pero quince acababan de sufrir una ruptura y se encontraban, pues, infelizmente enamoradas. ¿Qué ocurría en sus cerebros? ¿Basta una resonancia para comprender los estragos físicos de una ruptura, del sufrimiento ante la ausencia del ser querido? Aquel estudio demostró, entre otras cosas, gracias a las resonancias, que las áreas del cerebro que funcionan durante el desamor también están activas en aquellos pacientes que tratan de desengancharse de la cocaína o los opioides. O que las zonas implicadas en el dolor físico —las que hacen estremecer a alguien cuando recibe una patada o un puñetazo— también se ponen en marcha durante esta etapa. Por lo que la expresión «el amor duele» es, en este caso, literal. Pero, de nuevo, ¿es eso suficiente para comprender el sufrimiento del desamor?

Las historias de *El amor después del amor* nacen de esa insuficiencia y se encuentran más emparentadas con el último *Moho braccatus* y con su canto eternamente desatendido que con las lúcidas explicaciones sobre cómo funciona el cerebro después de la ruptura. En el antiguo Egipto, el pictograma jeroglífico que designaba el amor significaba «largo deseo», y es de este deseo inacabado, del ser que aún ama, de donde salen las grandes historias de amor y también la mayoría de los relatos aquí comprendidos. Escribir es querer escribir y amar es, en el fondo, el anhelo de amar. O de volver a amar. Y quizás, aunque esto es solo una suposición, la única respuesta válida frente al desamor la ofrece el camino del arte. Lo dijo Nietzsche: tenemos el arte para no morir de realidad.

Nota a esta edición

Este libro se publicó por primera vez en marzo de 2018. Descatalogado en la actualidad, decidimos —gracias a la confianza de la editorial Alfaguara— darle una segunda vida. Tanto las ilustraciones como las historias han sido editadas. Si bien en un principio creímos que mantener el contenido casi íntegro, actualizando solo determinados datos, era la mejor opción, fue al volver sobre las historias cuando nos dimos cuenta de que la manera en que las habíamos contado tenía que ver con las personas que éramos entonces, en 2018.

Así que las reelaboramos para que lo que ahora cuentan sea también un reflejo de los que Marc Pallarès y yo somos en la actualidad.

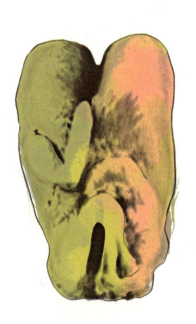

Sobre qué cosa es el amor

Este libro empieza aquí, con esta escultura de diez centímetros de alto y no más de seis de ancho.

Tantas cosas se derivan de esta piedra, de las piernas que se enredan con los brazos, de la caricia suspendida entre dos cuerpos que se aman, de la estela que deja su infinita y asombrosa pequeñez...

Once mil años atrás, cuando la última era glacial llegó a su fin, alguien halló una piedra redondeada que transformó con la ayuda de otra piedra. Le dio una forma concreta, pensada, nada casual.

Le dio la forma de lo que se considera la representación más antigua de una pareja «en un abrazo sexual». Llamémoslo cópula. O no, un momento: digámoslo sin el tufillo a clase de Ciencias Naturales. Llamémoslo una pareja que hace el amor.

Fue un beduino quien descubrió esta escultura de calcita en una cueva llamada Ain Sajri y así fue como se bautizó a estos amantes precursores de John Lennon y Yoko Ono, fundidos en un abrazo eterno, que conforman la imagen más antigua que tenemos del amor.

Once mil años más tarde seguimos mirando la figurita embelesados y nos preguntamos qué cosa es el amor. En las canciones de la radio. En los anuncios de perfume. En las marquesinas del autobús. En los libros. En sesudos estudios que hablan de procesos bioquímicos y de la ley de la atracción. En poemas.

Un cónsul francés encontró la figurita en 1933, curioseando entre antiguas reliquias de un modesto museo de Belén, pero aún tuvieron que pasar cincuenta años para que Raymond Carver escribiera un relato publicado con el elocuente título de «De qué hablamos cuando hablamos de amor» porque intuía, supongo, que después de la figurita de los amantes de Ain Sajri habíamos avanzado en un sinfín de importantísimos asuntos, pero seguíamos sin saber de qué hablábamos cuando hablábamos de amor.

Parece que pronto llegaremos a Marte, y también lo harán las cápsulas supersónicas, la terapia génica y las interfaces cerebrales, pero no habrá una definición acerca del amor. A lo trascendente vamos llegando así, en gerundio, pero, afortunadamente para la vida y para el arte, nunca terminamos de llegar.

El poeta Robert Frost afirmó que podía resumir todo lo que había aprendido sobre la vida en tres palabras: «La vida pasa». Lo mismo ocurre con el amor. Pasa en el sentido de ocurrir, pero también en el sentido de continuar y de marcharse. De pasar de largo.

En una escena conmovedora de la serie *Californication*, Hank Moody —interpretado por David Duchovny— camina junto a su hija, que acaba de pasar por su primer desengaño amoroso. Juntos, en silencio, recorren la orilla de un río mientras el sol se pone en Los Ángeles. Él le pasa el brazo por los hombros y le pregunta si quiere hablar, pero ella, con una expresión de profunda tristeza, le responde que no: solo quiere saber cuándo dejará de doler. «Si tienes suerte, nunca», le responde su padre.

Así que cuando el amor se va, cuando pasa de largo, cuando, con suerte, no se termina nunca, se convierte en un tema para seguir tratando en las canciones de la radio. En los anuncios de perfume. En las marquesinas del autobús. En los libros. En sesudos estudios que hablan de procesos bioquímicos y de la ley de la atracción. En poemas.

Pero tenemos el arte para rescatarnos, aunque sea simbólicamente, del desamor o para, al menos, poder recoger ese guijarro informe del suelo y empezar a darle otra forma que de nuevo nos sea reconocible.

Copos de nieve idénticos
Sofia Coppola y Spike Jonze

En la última página de la magnífica novela *Postales de invierno*, la escritora norteamericana Ann Beattie resume en apenas unas líneas el misterio y el milagro del encuentro entre dos personas. Dice así: «Cuando llegamos estaba sentada al lado de la ventana contemplando la nieve, y nos dijo, sin levantar la vista siquiera, sin saber quiénes éramos, que los médicos le habían dicho que sentarse a mirar la nieve era una pérdida de tiempo, que tendría que apuntarse a algo. Se rio un buen rato y nos dijo que no era una pérdida de tiempo. Quedarse mirando los copos de nieve sí que sería una pérdida de tiempo, pero ella los contaba. Y aunque contar copos de nieve fuera una pérdida de tiempo, ella no lo perdía, porque solo contaba los que eran idénticos».

Los copos de nieve se parecen tanto que se confunden. Y, sin embargo, solo aquellos que dominan el noble arte de mirar a través de las ventanas se percatan de lo difícil que es realmente encontrar los que son idénticos. Y ya no digamos contarlos.

En *Lost in Translation*, de Sofia Coppola, hay muchas ventanas y una mujer que mira a través de ellas. En una de las imágenes más icónicas del largometraje, Charlotte, interpretada por Scarlett Johansson, observa un Tokio desconocido con la mirada perdida a través de un gran ventanal.

«Todos queremos que nos encuentren» es la memorable frase que acompaña el lanzamiento español de *Lost*

in Translation, de 2003. Y cierto es que se trata de una película sobre encontrar, aunque no se esté buscando nada, aunque no nieve ni se mencione lo difícil que resulta agarrarse a los hallazgos verdaderamente significativos. Es la historia de Charlotte, recién casada con su marido, unególatra y reconocido fotógrafo centrado únicamente en su trabajo, a quien Charlotte acompaña a Tokio mientras él se pierde en interminables rodajes. Es allí donde, sola, un poco desubicada, conoce a Bob Harris —Bill Murray—, un actor en horas bajas que realiza un anuncio para un whisky japonés: *For relaxing times... make it Suntory time.* Tanto Charlotte como Bob tienen dificultades para entender lo que sucede a su alrededor en ese país ajeno lleno de luces de neón, rascacielos y karaokes cuyo idioma además no comprenden. De manera que se pierden con la traducción, en un plano literal, pero en especial son sus propias situaciones personales las que se ven incapaces de traducir.

Cuenta Rebecca Solnit en *Una guía sobre el arte de perderse* que perder cosas está relacionado con la desaparición de lo conocido, pero perderse se asocia a la aparición de lo desconocido. *Lost in Translation* tiene que ver con ambas, pero especialmente con la segunda: con la aparición de lo desconocido y con no estar buscando aquello que encuentras.

Diez años después, en 2013, se estrena otra película ligada a esta. En ella, también abundan las ventanas y un personaje que mira a través de ellas. Se trata de *Her*, de Spike Jonze, en la que un hombre sensible llamado Theodore —Joaquin Phoenix— se gana la vida escribiendo cartas para otras personas. Está divorciándose de una mujer a la que aún ama y repentinamente se ve fascinado por un nuevo sistema operativo, una especie de Siri, gracias al cual conoce a Samantha —cuya voz es también la de Scarlett Johansson—, de la que termina enamorándose. Se enamora de algo que no es más que una voz y, a la vez, esa voz representa todo lo que él necesita en ese momento.

Ambos, Coppola y Jonze, hacen que sus protagonistas se enfrenten a ese amor fuera de lo convencional, y de algún modo las dos películas tratan sobre la soledad y sobre lo que suponen los vínculos reales, no tanto en un nivel físico o sexual. En realidad, bien pensado, la relación de Theodore con Samantha es casi tan platónica como la que mantiene Charlotte con Bob.

Sofia Coppola y Spike Jonze estuvieron once años juntos, y casados de 1999 a 2003. *Lost in Translation* se estrenó el año en que la pareja se separó y Coppola tuvo que sufrir insidiosas preguntas con respecto al presuntuoso marido de Charlotte, que compartía, al menos profesionalmente, algunos detalles con su propio marido: «No es Spike —contestó—. Pero hay elementos suyos, experiencias compartidas». Se trataba, de nuevo, de ese viejo asunto: claro que el marido de Charlotte no era Spike pero, al mismo tiempo, sí que lo era.

Dicen que Spike Jonze no fue al estreno de *Lost in Translation*. También dicen que a él rodar *Her* le costó diez años, los que necesitó para escribir una carta de despedida a la que había sido su pareja. Por su parte, Sofia Coppola ha admitido que no ha visto ni tiene intención de ver *Her*. Consciente de esa naturaleza de carta cifrada que le mandó Jonze, afirmó años después: «No sé si me gustaría ver a Rooney Mara haciendo de mí».

Lo reconozca o no Spike Jonze, parece que *Her* es, en algún punto, una respuesta a *Lost in Translation*. De hecho, el inicio y el final de *Her* es una carta que

Theodore escribe casi como si fuera un mensaje en una botella. Un mensaje cuyo destinatario es alguien que habita fuera de la pantalla, un papelito doblado en mil partes en el fondo de esa botella que a veces toma la forma de una película. Pero hay otro mensaje en estas películas enlazadas, porque en la escena final de *Lost in Translation*, en esa mítica despedida entre Bob y Charlotte, Bob le susurra algo al oído pero no acertamos a entender el qué. Hay varias versiones, y en una de ellas, en la que supuestamente se procesó el audio, Bob dice: «Me tengo que ir, pero no dejaré que eso se interponga entre nosotros». Otros afirman que Bob le susurra que vuelva con su marido y le cuente la verdad. Pero todo son elucubraciones. En el guion, la línea que escribió Sofia Coppola para Bob no era otra que «Lo sé, yo también te echaré de menos».

Quizás *Her*, años después, fuera una respuesta a esa línea final y ambas películas se entiendan como un díptico acerca de esos abismos que se abren cuando las personas no saben decir lo que querrían decir. Un díptico al que acompaña esta advertencia: «Cuidado con el arte, sirve para contar la verdad, pero no es la verdad». O incluso, tal vez, ambas historias están unidas por esos ventanales a través de los que perderse mientras se mira la vida, tratando de advertir, entre la nieve, la llegada de copos idénticos.

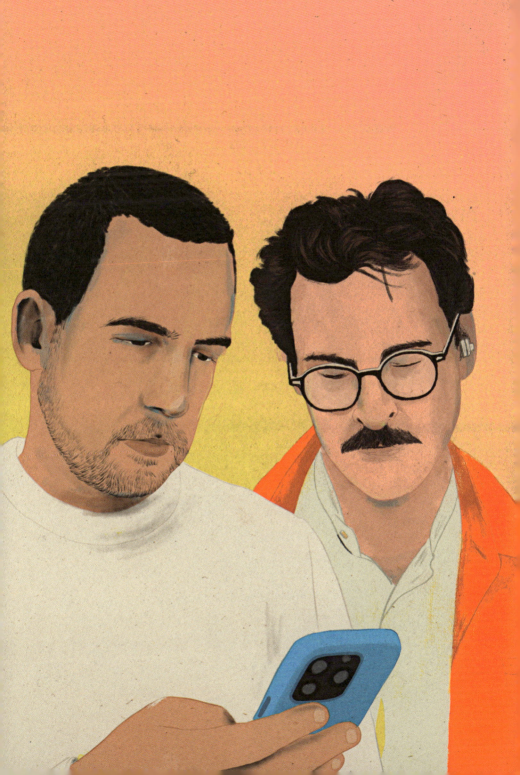

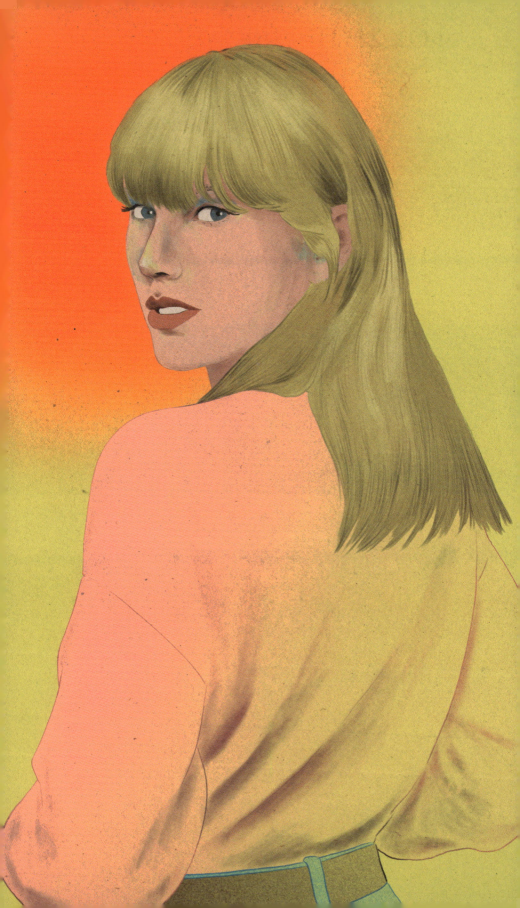

Contra los recuerdos
Taylor Swift y Jake Gyllenhaal

En el cuento «Funes el memorioso», Borges imagina a un ser incapaz de olvidar, a un ser para quien la memoria y la vida son inseparables. Pero la memoria infinita termina siendo, en realidad, una cárcel perfecta. Si todo es recuerdo, nada lo es. Tal vez, en su célebre relato, Borges hiciera referencia a un tipo de agudísima y definitiva hipertimesia, nombre que recibe la hiperactividad o exaltación de la memoria gracias a la que los recuerdos se graban con precisión y detalle. Se trata de un fenómeno interesantísimo a nivel científico, aunque supone un verdadero padecimiento para quien lo sufre, que se ve forzado a registrar, almacenar y recordar una cantidad asombrosa e inabarcable de información o datos, especialmente aquellos que se relacionan con la propia biografía.

Se desconocen las causas de la hipertimesia, aunque algunas investigaciones apuntan a que el lóbulo izquierdo de los que desarrollan esta afección —también conocida como memoria autobiográfica altamente superior— es de mayor tamaño.

Hasta donde se sabe, Taylor Swift no se ha pronunciado sobre el tamaño de su lóbulo izquierdo. Ni siquiera acerca de si recuerda o no demasiado, aunque la letra de «All Too Well» hace pensar en esta maldición de la memoria, que le habría permitido encapsular una relación de tres meses —con cada uno de sus detalles— con el actor Jake Gyllenhaal en una canción que cuenta que lo recuerda todo demasiado bien.

Se conocieron en 2010. Él tenía veintinueve años; ella, veinte. Del tiempo que pasaron juntos han trascendido muy pocas fotografías, pero en especial queda una imagen de un paseo. Nada más relevante que eso: una pareja que se enamora. O eso suponemos. Ella agarrándolo, aparentemente feliz, con su café. Él con un gorro beis. Fueron tres meses, solo tres meses, podríamos añadir, pero la cantidad de tiempo transcurrido no suele ser un buen medidor para calcular los daños y perjuicios de una ruptura.

Además de por ser una de las estrellas más grandes de la música pop, Taylor Swift es conocida por su faceta como cantautora. Sus letras, inspiradas en experiencias personales, intrigan a sus seguidores porque a través de ellas se intuye su biografía. Es tentador jugar al quién es quién tratando de adivinar las pistas que conducen al desvelamiento de un evento, de una relación, como si la música le sirviera especialmente para decir sin decir, una suerte de lenguaje cifrado en el que todo puede ser entrevisto, si bien no asegurado.

Una de las canciones en que más cristaliza esta tendencia es «All Too Well», en especial en su reedición de *Red (Taylor's Version)*, donde aparece una versión inédita de diez minutos de duración. Se trata de una de las composiciones más sentidas en toda la discografía de Taylor Swift, que detalla el final de una relación a través de la experiencia de la persona que ha sido abandonada. «Quizás fue una falta de comunicación, / quizás pedí demasiado», dice hacia la mitad de la canción, pero lo cierto es que casi nada sabemos de las razones por las que llega el amor, pero mucho menos acerca de las que hacen que empiece a resquebrajarse.

Sin embargo, Swift sigue tratando de entender. ¿Será por la edad? «Dijiste que si hubiéramos tenido una edad más cercana, / tal vez habría salido bien / y eso me dio ganas de morir».

«All Too Well» no solo es una canción, sino también una película/videoclip de quince minutos, dirigida y escrita por la propia Taylor, en la que pone imágenes a la historia. En ella vemos a una chica pelirroja que conoce a un chico algo mayor. Y se enamoran, pero el amor, tanto en la canción como en la película, dura poco. Después, discuten, lo arreglan, o eso parece. Pero la tonadilla sigue diciendo que lo recuerda demasiado bien, como recuerda una bufanda que se dejó —«Dejé mi bufanda ahí en la casa de tu hermana / y aún la tienes en tu cajón incluso ahora», dice— y que él aún conserva once años después.

Quizás la bufanda no sea más que una metáfora de algo que ella perdió, aunque quién sabe qué hace cada uno con las letras de sus canciones. Hoy por hoy, los fans de Swift le siguen pidiendo a Jake Gyllenhaal que se la devuelva, porque somos buscadores de sentido y también aquí las pistas, como en los cuentos clásicos, conducen a un lugar, a ese lugar donde fantaseamos con poder asomarnos a la vida de los demás para comprender la historia.

Jake Gyllenhaal no quiso dar demasiados detalles sobre «All Too Well» y la bufanda perdida. En 2022 lo zanjó todo con un «No tiene nada que ver conmigo». Pero tal vez, aunque esto es solo una peregrina elucubración, escribir una canción, ponerle música, imágenes, va bien para la hipertimesia porque fija la vida, la embalsama y así libera a la mente de esa pesada aflicción de seguir recordando demasiado.

El espacio negativo
Suzanne Valadon y Erik Satie

Lo llamamos retrato, pero bien podríamos llamarlo encuentro. Porque existe un doble embrujo entre el que mira y el que es mirado, pero también entre el retrato y el que lo contempla. Frente a él, el espectador observa ese intento de decir, de captar aquello que va más allá de la apariencia, lo esencial, pero lo que observa sobre todo es cómo el tiempo horada la existencia. Tal vez pudiéramos decir que un buen retrato surge especialmente de un cruce de biografías, de dos miradas que se sostienen la una a la otra, de la tensión de dos que se mantienen sobre un abismo. Sin esa tensión, sin ese asomo de peligro solo hay máscara, superficie.

En el retrato que la pintora Suzanne Valadon hizo de Erik Satie, son los elementos mínimos, las capas, las minucias, los ínfimos detalles los que cuentan, en parte, quién era Erik Satie. Los colores oscuros y neutros, con pocos contrastes intensos, dan una atmósfera melancólica, casi austera, que refleja el carácter introspectivo de Satie, que mira fijamente al espectador. Unos tonos rosas, otros amarillos, unos rojos, una serie de planos que van penetrando, capa a capa, el rostro de Satie, pero no solo, también ese mundo fantasmagórico de Montmartre, del París de finales del siglo xix y principios del xx.

Pero es difícil describir un retrato, en especial porque existe un concepto en arte llamado espacio negativo, que es lo que no está ahí, el espacio en blanco que se encuentra entre los elementos y que sostiene la obra. El espacio negativo existe porque permite el color y la

narración, el movimiento y el diálogo. Así, en cuanto a la apariencia, a lo que vemos, Satie aparece sentado, con una expresión serena y algo introspectiva. Con sus lentes ahumadas, su barba cuidadosamente peinada. El fondo es sobrio, lo que permite que toda la atención recaiga en su figura. Con su traje oscuro y sus gafas redondas, Satie parece retraído, pero Valadon logra capturar una complejidad emocional en su rostro. Por eso, en cuanto a lo que no vemos, el espacio negativo, ese que cuenta sin contar, remite, para quien sepa atisbarlo, al vínculo entre ambos artistas: un vínculo, digamos, amoroso. Que se fue transformando, pero que fue de amor en un primer momento.

A los veintisiete años, cuando Valadon ya era madre y había sido modelo para varios artistas —como Toulouse-Lautrec, que la pintó montada en un caballo en el circo Fernando; Renoir, que la imaginó rodeada de flores como jacintos y violetas; o Degas, que le pidió que bailara para él—, decidió dar un giro a su vida y comenzó a pintar. Una noche, en el cabaret Auberge du Clou, se le acercó Erik Satie, elegante y refinado. Con él compartió una copa. Pocas horas después, a las tres de la madrugada, él se arrodilló y le propuso matrimonio. Se besaron, y aquella primera cita dio pie a una relación breve pero profundamente intensa.

Duró seis meses.

Al día siguiente fueron a dar un paseo en las barcas del jardín de Luxemburgo.

«No te encapriches de mí, siempre me he ido y siempre me iré», le advirtió ella.

«Ni tú conmigo. Un día me quedaré. Siempre me quedo».

Y ahí se contenía ya la semilla del futuro a la espera de su cumplimiento.

Decidieron retratarse mutuamente. Ella, con su paleta; él, en el pentagrama. En el caso de Valadon, fue la primera vez que no pintaba ni desnudos ni flores. Por su lado, Satie, que la apodaba de muchas maneras, especialmente «Biqui», le dejaba pequeños mensajes musicales a los pies de su cama, en el techo o en la lámpara, mensajes que ella no lograba descifrar. La composición más corta de Satie se llama justamente *Bonjour Biqui, bonjour!*

Pero la historia duró poco. Biqui dijo adiós, sin motivo alguno, tal y como había adelantado, fue presa de su propio vaticinio. Lo abandonó para casarse con un millonario que la agasajó y la cubrió de joyas, convirtiéndola en señora de. Abandonó su París querido, aunque por poco tiempo, y cuando regresó, ya separada, porque Valadon no se quedaba demasiado en ninguna relación, se cuenta que no vio inconveniente en ir a ver tocar a Satie al Auberge du Clou. Satie, al reparar en su presencia, se mareó. Lo achacó a la bebida y se escabulló por la puerta de atrás. Al día siguiente, ella recibió una citación judicial a requerimiento de Erik Satie que pedía a los tribunales una orden de alejamiento.

No volvieron a hablarse, y cuando se encontraban por las calles de Montmartre cambiaban de acera.

Satie no volvió a amar a ninguna mujer. Cuando murió, en su hogar, en el que había ido coleccionando y acumulando los más extravagantes objetos, encontraron, entre otras cosas, el retrato de Suzanne, del que pendía una corona de flores secas y dos obras musicales dedicadas a ella: *Bonjour Biqui* y las *Vejaciones*.

Las *Vejaciones* son una obra singular: consiste en una breve sección musical que, según las indicaciones de Satie, debía repetirse ochocientas cuarenta veces para completarse. Esta repetición extrema, unida a la

disonancia y al tono sombrío, puede entenderse como una forma de autoflagelación emocional, una reflexión profunda sobre el dolor y la frustración. Aunque Satie nunca afirmó de manera explícita que Valadon fuera la inspiración de las *Vejaciones*, tal vez no sea necesario. La relación intensa y dolorosa que compartieron parece evocar ese tormento emocional que no desaparece, ese vínculo y sufrimiento que se convierte en el espacio negativo que define tanto el retrato como la composición musical. Después de todo, el amor y la obsesión no se desvanecen simplemente por la falta de correspondencia.

Lo que se olvida es el amor
Nora Ephron

La familia es el lugar donde aprendemos a nombrar el mundo. Lo contó Natalia Ginzburg en *Léxico familiar*, libro donde la escritora italiana rememora parte de su vida a través de las expresiones y frases hechas de su familia. Ginzburg hacía acopio de todas esas máximas para que el imaginario de sus lectores las mantuviera con vida y fuéramos nosotros los que no dejáramos morir todas aquellas palabras perdidas. Ocurre en todas las casas: hay una memoria hilada a golpe de sentencias que se repiten una y otra vez hasta que llega un día en que nadie las dice ya.

En casa de Nora Ephron ocurría igual y su madre solía insistir en un par de expresiones. Una revestía poco misterio: «No compres nunca un abrigo rojo»; y la otra, un poco más enigmática, y a la que Nora pasó toda su vida dando vueltas, era «todo es copia». Ephron, que creció en Beverly Hills, era hija de guionistas célebres (y alcohólicos), y en su juventud se mudó a Nueva York, donde se convertiría en una de las más brillantes periodistas del momento. Su mente mordaz, hilarante y lúcida era capaz de sacar punta a absolutamente cualquier tema: del beicon a un divorcio, del miedo a la muerte al descolgamiento facial.

Con los años, llegó a estar convencida de que el significado de «todo es copia» radicaba en que prácticamente todo en la vida es material de escritura, enseñanza que a menudo ejemplificaba de la siguiente manera: «Cuando te resbalas con una piel de plátano, la gente se ríe de ti; pero cuando cuentas que te has resbalado con una piel de plátano, quien se ríe eres tú». Así, en vez de la víctima, pasas a ser la heroína del chiste.

Guionista, directora de cine, productora, periodista, novelista, ensayista y dramaturga, Ephron, en cuyo haber se cuenta la maravillosa sentencia de «nunca te cases con un hombre del que no te gustaría divorciarte», se casó en segundas nupcias con Carl Bernstein, conocido, entre otras cosas, por haber contribuido, junto con Bob Woodward, a destapar el escándalo del Watergate y a la consiguiente dimisión de Richard Nixon.

Lo de Bernstein y Ephron fue amor a primera vista. Se conocieron en una fiesta y al cabo de un mes estaban viviendo juntos. Un año después, a pesar de las reticencias de Nora —temía que aquello no terminara del todo bien—, se casaron.

Terminar, terminó. Y, como le había adelantado su propia intuición, no del todo bien. La traición llegó pronto. Tras esa luna de miel que son los inicios de las relaciones, Ephron y Bernstein tuvieron un hijo y, cuando apenas habían transcurrido tres años desde su enlace, Nora descubrió, embarazada de siete meses de su segundo hijo, que su marido le era infiel con Margaret Jay, prestigiosa periodista y esposa del embajador británico en Estados Unidos. Lo peor del caso, si es que hay algo peor aquí, es que no se trataba de una mera aventura. Y por si fuera poco, lo sabía todo el mundo.

No sabemos si Bernstein fue un hombre del que ella quiso divorciarse: no le quedó más remedio que hacerlo. Después del inicial trauma de la separación, sumado a la humillación pública que supone que todo el mundo sepa antes que tú que tu marido tiene una aventura, Ephron regresó a ese léxico familiar, a la máxima de su madre. ¿Y si...?, ¿podía ella adueñarse de lo que le había ocurrido? ¿Podía utilizarlo?

Heartburn, de 1983, traducida aquí como *Se acabó el pastel*, es una novela cómica, escrita en primera persona, que protagoniza Rachel Samstat, autora de libros de cocina. En casi todos los aspectos, Rachel es un clon de Ephron. Es una judía neoyorquina casada con Mark, un periodista político. «Es feliz, tiene un hijo y está embarazada de siete meses cuando descubre que su marido está enamorado de Thelma Rice, la esposa de un diplomático», dice en los textos de contracubierta. La novela, un *roman à clef* en toda regla, es una venganza fulminante cargada de saña y provocación, que vendió millones de ejemplares y fue la comidilla de los círculos literarios. La recepción de la novela tendió a dividirse en función del género. Las mujeres adoraron el libro. Los hombres no tanto.

Por si fuera poco, la película —con guion, claro, de la propia Nora Ephron— no tardó en llegar. Protagonizada por Jack Nicholson y Meryl Streep, con música de Carly Simon y aquel mítico tema, «Coming Around Again», la historia es un ajuste de cuentas más delicado que el libro y quizás esa delicadeza se debiera a que Bernstein, al enterarse de que se iba a rodar una adaptación cinematográfica, decidió no firmar el divorcio hasta no cerciorarse de que él apareciera como un buen padre para sus hijos. Por ello, el proceso de divorcio se dilató cinco años. Y con razón, Nora Ephron escribiría lo siguiente en «La palabra que empieza por D»: «Durante mucho tiempo, el hecho de haberme divorciado era lo más importante sobre mí. Y ya no lo es. Ahora lo más importante que se cuenta es que soy vieja».

Todo, en definitiva, es material de escritura. En *Se acabó el pastel*, una amiga le pregunta a Rachel Samstat por qué cree que debe convertirlo todo en un relato. Le responde:

> Porque si cuento la historia, domino la versión.
> Porque si cuento la historia, puedo hacer reír; y prefiero que se rían a que tengan lástima de mí.
> Porque si cuento la historia, no me duele tanto.
> Porque si cuento la historia, puedo soportarla.

Nunca se conoce la verdad de un matrimonio, ni siquiera del propio. Años más tarde Ephron volvió a casarse, volvió a ser feliz. Pero en esa misma columna, «La palabra que empieza por D», afirmaba: «Dicen que con el tiempo el dolor se olvida. [...] No comparto esa opinión. Me acuerdo del dolor. Lo que se olvida en realidad es el amor».

Nora Ephron murió de leucemia. Aquel fue el único tema sobre el que no escribió. A su fallecimiento, su hijo retomó el viejo mantra de su abuela y tituló *Todo es copia* el documental que rodó sobre su madre Nora. Porque es el léxico familiar el que nos sigue vinculando a aquellos que ya no están, son esas palabras repetidas una y otra vez las que salvaguardan la memoria de aquellos a los que solo nosotros podemos ahora mantener con vida.

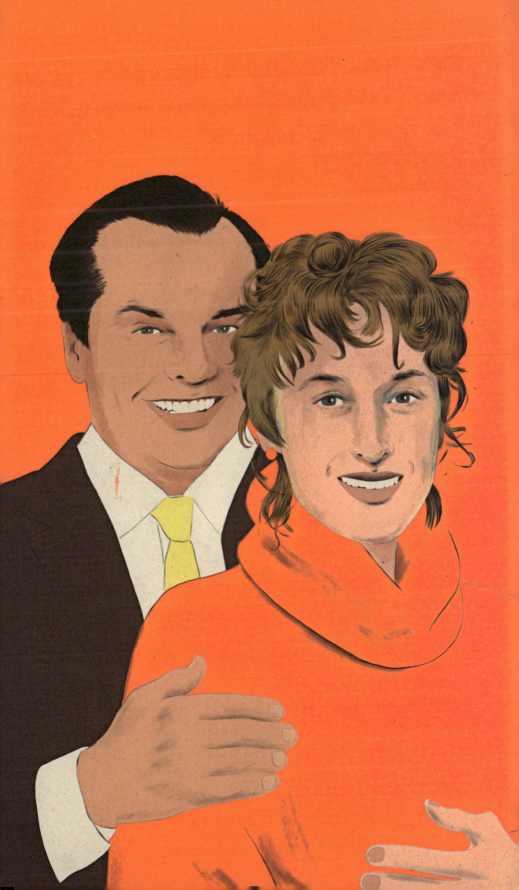

Podrías hacer de esto algo bonito (o no)
Maggie Smith

«Cuando por fin leí *Se acabó el pastel*, la novela de Nora Ephron, le comenté de guasa a mi agente: ¿por qué no se me ha ocurrido hacer *eso*? ¿Por qué no se me ha ocurrido novelizar mi vida?». Esto es lo que se pregunta a sí misma la poeta y escritora Maggie Smith en 2018 cuando descubre de manera fortuita que su marido está con otra. Una noche, después de que su esposo haya regresado de un viaje de trabajo, cuando en su familia todos duermen ya, Smith tiene un pálpito y se dispone a hacer eso que jamás debería hacerse —y que, sin embargo, se hace—: abrir su maletín en busca de algún indicio, de alguna pista.

Entre papeles y cuadernos, aparece una postal con el nombre de una mujer y una dirección en la ciudad donde su marido acaba de estar en viaje de trabajo. Pero las pesquisas de Smith no se detienen ahí, y, al dar con el cuaderno de su marido, se lee hasta la última anotación. Conoce así la historia de la mujer de la postal, de un paseo, de sus hijos, y desea con todas sus fuerzas que aquellas páginas sean apuntes para una novela. Una historia de ficción llena de personajes inventados. Pero se trata de personas reales.

Siendo honestos habría que decir que, en realidad, tampoco Nora Ephron convirtió su vida en una novela. Otra cosa es que ella así lo afirmara, como si, a fuerza de repetirlo, pudiera, al fin, acabar creyéndoselo. Smith ni siquiera intenta fabular, o decir que fabula, y, ante el desafortunado hallazgo de la postal, que tiene como consecuencia un sinfín de padecimientos —crisis matrimonial, ruptura, separación, abogados, litigios, con el consiguiente sufrimiento de sus hijos pequeños, finalmente divorcio...—, decide enfrentarse a ese material —así le llama ella al dolor— desde el yo, afirmando con rotundidad que aquella es su historia y que justamente, como es poeta, puede transitarla de otra manera: con palabras. Por lo menos, como le dice una amiga, su lamentable divorcio no ha caído en el saco roto de alguien que no escribe.

Antes de que su matrimonio se fuera al traste, Smith, madre ya de dos hijos, se había preguntado en infinidad de ocasiones dónde quedaba ella, la poeta, enfundada en su permanente traje de madre. Desde la certeza incómoda de haberse dejado a ella misma para luego, siempre para luego, escribió un poema que resultó ser premonitorio. El poema, que se convertiría en viral y le cambió la vida, se llamaba «Buenos cimientos» y terminaba así:

*... Un agente inmobiliario decente
hasta el peor cuchitril te lo enseña elogiando
sus buenos cimientos: Esto podría ser algo bonito,
¿a que sí? Podrías hacer de esto algo bonito.*

Que el último verso, «Podrías hacer de esto algo bonito», se convierta en el título de un relato tan personal como el de su divorcio apunta a eso que habita en el corazón de las páginas del libro: la pregunta de cómo puede su historia, su experiencia, serles útil a otras personas, la cuestión de cómo transformar ese material en una herramienta que alguien pueda usar, como si una historia encendiera otra, como si quien encuentra las palabras pudiera ayudar a otro a dar con ellas.

Cuenta Smith que las relaciones, los matrimonios, se asemejan a las muñecas rusas: llevamos dentro cada una de las sucesivas versiones, el matrimonio antes de ser matrimonio, la pareja de antes de que nacieran los niños, la de cuando nos conocimos, la de las cartas de amor. Y, en algún punto del centro, está la muñeca más pequeña de todas: el amor. Claro que es una opinión con la que Nora Ephron no estaría para nada de acuerdo porque, según ella, lo que se olvida, en realidad, es el amor.

Lo más importante sería tratar de dilucidar qué hacer con ese remanente, con eso que se ha quedado ahí, agazapado, oculto, inservible ya. Podríamos aventurarnos a decir que el único lugar que puede ocupar es este, el de las palabras que envuelven lo que queda. Podríamos aventurarnos también a decir que, en realidad, lo que hace Smith en *Podrías hacer de esto algo bonito* bebe de unos versos preciosos de Mary Oliver que dicen: «Alguien a quien una vez amé me regaló / una caja llena de oscuridad. / Me llevó años comprender / que esto, también, era un regalo».

¿Ves?, este sí es un hombre
Oriana Fallaci y François Pelou

Contaba el corresponsal Manu Leguineche que la guerra de Vietnam fue «la guerra de todos nosotros» por la manera en que había marcado a varias generaciones de informadores. En 1967 Oriana Fallaci, que ya era una estrella del periodismo italiano, fue enviada allí por *L'Europeo* y en ese epicentro del horror, que tan bien supieron captar Michael Herr en *Despachos de guerra* o Francis Ford Coppola en *Apocalypse Now*, se convirtió en la periodista más famosa del mundo.

Fue en Saigón donde conoció a François Pelou, corresponsal de la Agence France-Presse, a quien inmortalizaría en el libro llamado *Nada y así sea*, y al que definía como «un joven atractivo de pelo gris, cara dura y atenta, dos ojos a los que no se les escapa nada, que además transmiten dolor e ironía». En su boca pone diálogos como el siguiente:

—¿Qué es la vida, François?
—No lo sé. Pero a veces me pregunto si no será un escenario donde te envilecen de arrogancia, y cuando te han envilecido has de atravesarlo, y para atravesarlo hay muchas maneras, la del indio, la del norteamericano, la del Vietcong...
—¿Y cuando lo has atravesado?
—Cuando lo has atravesado, se acabó. Has vivido. Sales de escena y mueres.
—¿Y si mueres de repente?

—Da lo mismo. Puedes atravesar el escenario con mayor o menor ligereza. No cuenta el tiempo que emplees en hacerlo, cuenta la forma de atravesarlo. Lo importante es atravesarlo bien.

François tenía cuarenta y dos años; ella, treinta y ocho. Su amor nació del respeto profesional. Él admiraba su determinación, su fuerza, su valor, su talento. No se dejó intimidar por su proverbial agresividad, su constante provocación: supo verla como el ser complejo que era, una mujer cuya fragilidad solo se intuía a través de las páginas de sus libros. A ella la enamoró su experiencia, su sabiduría, esa infinita sensibilidad para transmitir el dolor y el sinsentido de la guerra. Hubo, en aquel vínculo, muchas palabras. A su relación se puede aplicar lo que dijo Susan Sontag de la suya con el sociólogo Philip Rieff: «Hablamos durante siete años». Porque, en realidad, hablar, atravesar el mundo de palabras, es una de las formas más genuinas que toma el amor.

Así pues, François Pelou y Oriana Fallaci hablaron durante seis años, pero en esa larga conversación se colaron algunas interferencias. Por ejemplo, la mujer y el hijo de Pelou, a los que jamás abandonó. Era católico y no creía en el divorcio. Es fácil suponer entonces que en esa relación hubo peleas, reproches, discusiones. Que el amor fue escurriéndose hacia ese otro extremo que incluye su sombra. Que la conversación empezó a estancarse, llena de tabúes y nombres que tal vez fuera mejor no mencionar. Fallaci condensó aquella historia en *Nada y así sea*, libro en el que, al hilo de la pregunta de qué es la vida, que le hace Elisabetta, su hermana pequeña, la periodista reflexiona sobre la enseñanza que supuso Vietnam.

Fallaci no se sintió nunca a gusto en el papel de la que suplica. Después de pedirle a Pelou una última vez que dejara a su esposa, y de que él se negara, Fallaci cogió todas las cartas que había recibido de él y se las envió a su mujer: «Había decidido que no se divorciaría, así que hice un paquete con las cartas que nos habíamos intercambiado y se las envié a su mujer. Amén. No volvimos a vernos. Jamás». Trató de escribir otra novela para encapsular todo aquel sufrimiento. No fue capaz.

Un tiempo más tarde, en 1973, Oriana conoció a uno de los líderes de la resistencia al régimen militar griego, Alexandros Panagoulis, a quien fue a entrevistar el día en que lo liberaron. Le bastó verlo para enamorarse de él, pero había en esa infatuación algo quebradizo que bebía de esa idealización del héroe. Sin embargo, al final de la entrevista que Fallaci le realiza, publicada en el excepcional *Entrevista con la historia*, se encuentra una de las declaraciones de amor más bonitas de todos los tiempos. Ella le pregunta:

—Alekos, ¿qué significa ser un hombre?
—Significa tener valor, tener dignidad. Significa creer en la humanidad. Significa amar sin permitir que ese amor se convierta en un ancla. Y significa luchar. Y vencer. Mira, más o menos lo que dice Kipling en aquella poesía titulada «Si». Y para ti, ¿qué es un hombre?
—Diría que un hombre es lo que eres tú, Alekos.

Ese diálogo dio inicio a una tormentosa y apasionada relación llena de celos y peleas. Ambos se habían enamorado de una idea, no de una persona, y luego habían tenido que encontrar la manera de encajarla en la realidad, en el mundo, para poder quererse de una forma más prosaica, más humana.

Sería justamente *Un hombre* el título del libro que Oriana le dedicaría a Panagoulis a su muerte, en 1976, debida a un extraño accidente de tráfico que ella siempre creyó que fue un asesinato por motivos políticos. En el libro relataba su relación con él: lo convertía en mito, en leyenda, en la relación más significativa de su vida. La biógrafa de Fallaci, Cristina De Stefano, insinuó que tras la muerte de Panagoulis, Oriana se entregó a su idealización: desde su ausencia podía convertirlo, ahora sí, sin ningún tipo de riesgo, en el amor de su vida.

Pero ¿y Pelou? Por supuesto, tampoco iba a quedarse callado. Pelou entendió el mensaje, claro, y arguyó que aquel título era un sutil ajuste de cuentas con él: «Siempre he pensado que Oriana quiso vengarse de mí con ese título, que él mismo constituye una suerte de revancha. Como si hubiera querido decirme: ¿ves?, este sí es un hombre».

La historia entre François y Oriana nunca se terminó. Había un hilo, y ese hilo —el de las cosas inacabadas— los unió en una eterna separación en la que vivieron por el resto de sus días. Que siguió siendo una conversación, aunque tejida de un distanciamiento y un silencio que los atravesó hasta el final. Porque el libro de *Nada y así sea* termina así, con estas frases:

—Ven aquí, Elisabetta, hermana mía. Un día me preguntaste qué es la vida. ¿Quieres saberlo?
—Sí, ¿qué es la vida?
—Es una cosa que hay que llenar bien sin pérdida de tiempo. Aunque al llenarla bien se rompa.
—¿Y cuando se ha roto?
—Ya no sirve para nada. Nada y así sea.

El silencio entre ellos nunca se quebró. Muchos años más tarde, cuando Oriana estaba enferma de cáncer de pulmón, casi a punto de morir, él le escribió y ella le devolvió la carta con el sobre abierto, pero sin ninguna respuesta. Pelou sospechaba que iba a ser así, pero quería que ella supiera que, de alguna manera, seguía estando allí.

En 2015 se estrenó *Oriana*, de Marco Turo, una película sobre su romance con Pelou. Nadie se molestó en contactar con él para asegurar la veracidad de la información. Ya retirado, el periodista aseguró resignado que «ya no se puede hacer nada». Nada y así sea.

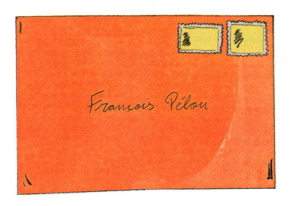

Siempre nos quedará Layla
Eric Clapton, George Harrison y Pattie Boyd

Corría el año 1964 cuando Eric Clapton y George Harrison se conocieron. Aunque el resto de los Beatles miraron al joven guitarrista de los Yardbirds con cierto desdén, George y él conectaron. Pero no fue hasta 1968, al reencontrarse casualmente a la salida del despacho del mánager de Clapton, que su amistad realmente empezó a afianzarse. Con el tiempo, Clapton se convirtió en un habitual de la casa de George en Esher, donde vivía con su esposa, la exmodelo y fotógrafa Pattie Boyd. Había empezado a fraguarse, aunque quizás ninguno lo supiera aún, uno de los triángulos amorosos más famosos de la historia de la música. Porque fue entonces cuando Clapton decidió mudarse cerca de ellos y se compró una mansión que llevaba el nombre de Hurtwood Edge, una especie de villa italiana en medio del campo inglés. Él se excusaría diciendo que había sido para acercarse a su amigo, pero lo cierto es que se había enamorado locamente de Pattie, que fingía no darse cuenta e incluso le buscaba novias a Clapton. Para empezar, su propia hermana pequeña, Paula. Pero para él no había Paula que valiera, solo podía pensar en la mujer de su amigo.

Abramos un paréntesis aquí para aclarar que tampoco es que George fuera ningún santo. De hecho, se había acostado varias veces con Maureen, la esposa de Ringo Starr, aventura de la que Pattie terminó enterándose. John Lennon solía reprocharle a George su comportamiento, le echaba en cara esa doble moral:

mucho hablar de espiritualidad, pero luego era el primero que se contradecía en sus actos. Claro que, también hay que decirlo, John Lennon tampoco estaba como para dar lecciones: él también había flirteado con Pattie.

Pattie solo tenía ojos para George, o eso decía, y Clapton, en una estrategia un poco retorcida, empezó a verse con su hermana Paula para estar más cerca de ella, quizás por provocar celos o pensando que tal vez terminaría olvidándola. Pero la obsesión no se disipó. «Por mucho que lo intenté, no me la podía quitar de la cabeza», escribe Clapton en sus memorias, *Clapton: Autobiografía*. Y después añade: «Deseaba a Pattie porque pertenecía a un hombre poderoso que parecía tener todo lo que yo quería».

En su obsesión, Clapton había empezado a escribirle cartas. En 1970, Pattie recibió una carta suya marcada como «Urgente». Se trataba de una nota de amor breve que terminaba con un tono algo desesperado: «Si todavía sientes algo por mí..., ¡debes hacérmelo saber!». «No llames por teléfono». «Envía una carta..., es mucho más seguro». El autor se despedía con una misteriosa «E.».

A Pattie le pareció tan cursi que pensó que debía de tratarse de una fan enardecida de los Beatles y se olvidó del asunto. De hecho, incluso se la enseñó a George Harrison. Más tarde, Eric, al no obtener respuesta, la llamó. «Qué, ¿te ha gustado la carta?», imaginamos que le diría. Pattie se mantuvo en sus trece: ella ya estaba casada.

En aquella época, Clapton estaba muy influido por Ian Dallas, un escritor que se hacía llamar Abdalqadir as-Sufi y era el líder de un movimiento proislámico llamado Murabitun World Movement. Dallas le había entregado a Eric un libro sobre una historia de

amor titulado *Layla y Majnún*, escrito por Nezamí Ganyaví, el poeta clásico persa del siglo XII. El libro contaba la desesperada historia de un hombre enamorado de manera enfermiza de una mujer inalcanzable llamada Layla, con la que no podía casarse porque estaba con un hombre muy poderoso. La historia le era vagamente familiar a Clapton y encontró en ella, más allá de un paralelismo, una manera de exorcizar todo aquello que le estaba ocurriendo.

Así nació la historia de un clásico en la historia del rock, «Layla», sobre un hombre obsesionado con una mujer que no deja de rechazar sus insinuaciones. Una canción larga que era, en realidad, una respuesta a esa frialdad y al rechazo de Pattie.

> *Layla, you've got me on my knees.*
> *Layla, I'm begging, darling, please.*
> *Layla, darling, won't you ease my worried mind.*
> *I tried to give you consolation*
> *When your old man had let you down.*
> *Like a fool, I fell in love with you,*
> *Turned my whole world upside down.*

Eric nunca olvidó a Pattie. Tenía otras obsesiones como las drogas y el alcohol, pero ella siempre estuvo ahí. De hecho, cuando el matrimonio de Pattie y George empezó a naufragar, Eric vio al fin su oportunidad.

La boda entre Eric y Pattie tuvo lugar el 27 de marzo de 1979, en la iglesia apostólica de la Fe en Cristo Jesús, en Tucson, Arizona. Aunque la felicidad no duró demasiado. La relación estuvo marcada por las mismas luchas internas de Eric con sus adicciones, que fueron devastadoras para su vida de pareja. En 1988, Pattie se divorció de Eric después de que él la hubiera abandonado cuatro años antes. Fue un desenlace doloroso, pero también un momento de reflexión para Clapton, que más tarde admitió los abusos y la negligencia emocional que Pattie había sufrido a su lado.

Eric Clapton solía decir: «Siempre nos quedará "Layla"». Tenía razón. Tal vez existan historias de amor que deberían consumirse en una promesa tan bella como inalcanzable, que deberían quedarse ahí mismo, en una carta de desamor que nunca obtiene respuesta.

La historia de un largo adiós
Sophie Calle

El correo terminaba con un «cuídese».

Cuídese significa algo parecido a «que esté usted bien», incluso «ojalá nos veamos pronto». Es decir, a pesar de no ser una fórmula que implique un vínculo o un cariño manifiesto, que a uno le digan «cuídese» no es lo mismo que recibir un correo firmado con el gélido «saludos cordiales».

Sin embargo, una mujer llamada Sophie Calle —artista, escritora, fotógrafa francesa— recibió un día un email de G., su hasta entonces amante, que le comunicaba, entre otras cosas, que la relación entre ellos se había acabado. «Me hubiese gustado mucho que las cosas fuesen de otro modo. Cuídese, G.», se despedía.

Sophie Calle no daba crédito. No se trataba de una cuestión de idioma, el francés, que ambos compartían, ni siquiera de aquel uso del «usted» que tan extraño suena entre amantes. Lo que verdaderamente la sorprendió, lo que la sacudió y la removió fue, en primer lugar, la constatación de que aquellas líneas fueran un repentino final para el que, desde luego, nada la había prevenido.

«Recibí un email diciéndome que todo había terminado», explica Sophie. «No supe cómo responder».

Después estaba la rareza de esa fórmula de despedida, de aquel último «cuídese». ¿Qué quería decir? ¿Significaba que en G. aún quedaba la predisposición de preocuparse por ella? ¿O aquella frase hecha suponía, por el contrario, una forma de distanciamiento emocional definitivo? ¿Por qué no lograba encontrarle el sentido? ¿Lo tenía?

Quizás al día siguiente de recibir la noticia esperó una llamada, incluso otro correo con una explicación. Tal vez esperó un día más. Y otro. Y después otro, pero «al ver que no sonaba el teléfono, supe de inmediato que eras tú», escribió Dorothy Parker. Así que ante la clamorosa ausencia, entendió que no recibiría una explicación.

Seguro que Calle se sabía la teoría de memoria porque, regresando a Helen Fisher, lo que sucede cuando alguien es rechazado por la persona a la que ama es que la obsesión, en lugar de detenerse, como sería deseable, empeora. Es imposible olvidar aquello que ya no deseamos recordar más. Del todo imposible. Una parte del cerebro especialmente activa en esta fase es el núcleo accumbens, que trata de hacer un balance de pérdidas y ganancias. De ahí las preguntas en bucle: ¿dónde estuvo el error? ¿Por qué no funcionó? ¿Pude haberlo hecho mejor? ¿Por qué no me di cuenta?

La teoría se la sabía. Pero ante la imposibilidad de comprender, de seguir adelante, sintió el impulso y la necesidad de hacer algo.

Su obra gira sobre todo en torno al concepto de privacidad, vulnerabilidad y la relación entre lo público y lo privado, y decidió justamente eso: transformar lo privado en público, convertir aquel episodio de su vida más íntima en algo que pudiera compartir. De manera que pidió ayuda y reenvió aquel correo a ciento siete mujeres para que interpretaran el final. Las que lo recibieron eran bailarinas, criminólogas, periodistas, astrólogas, poetas, matemáticas, dramaturgas, traductoras, pintoras: todas trataron de interpretar, subrayar, morder, analizar sintácticamente o decodificar el mensaje de G.

Todos estos testimonios pasaron a formar parte de una exposición artística que viajó alrededor del mundo y se incluyeron en un libro llamado de la misma manera, *Prenez soin de vous* (cuídese), con el que Calle quizás logró, después de tanto dolor y desconcierto, darle un poco de sentido a la despedida de G. No tuvimos noticias de qué se le pasó por la cabeza a G. al conocer el alcance de su indelicado adiós. Probablemente, en adelante, se lo pensara dos veces a la hora de terminar un correo de aquella manera. Quizás, la moraleja para G. es que nunca se debe terminar un correo como no te gustaría que te lo terminaran a ti.

Anne Sexton decía que «Las palabras y los huevos deben ser tratados con cuidado. Una vez rotos, son cosas imposibles de reparar». Porque las palabras dicen lo que dicen pero a veces quieren decir otra cosa. Y cuídese, a la postre, quería decir algo parecido a «cuídese usted, porque yo no lo haré».

Sophie Calle lo hizo.

Todo lo que *ya no*
Idea Vilariño y Juan Carlos Onetti

El verbo «conocer» no implica, a primera vista, ninguna dificultad. Conocemos las leyes de la física, los planetas, los sabores, las civilizaciones antiguas, el legado de los presocráticos, la geometría euclidiana, el folklore español, las vanguardias artísticas, a Freud, el *Bhagavad Gita*, las canciones de Bad Bunny, a nosotros mismos (más o menos), la cocina griega, los afluentes del Volga, a los vecinos. Conocer es discernir e implica ver y comprender lo diferente. Lo distinto, lo otro.

Aunque es un verbo a menudo escurridizo. En 1989, en una entrevista para el documental *Onetti, retrato de un escritor*, a la poeta uruguaya Idea Vilariño —detrás de ella, una estantería llena de libros; ella apoya el codo sobre una mesita mientras mira a la entrevistadora— le preguntan por ese aparentemente nada misterioso verbo. Solo vemos un plano medio de Idea y se cuela la voz de la periodista: «¿Cuándo conociste a Onetti, Idea?». Ella parece titubear, duda. Reconoce que no sabe exactamente cuándo ocurrió, pero sí recuerda que fue antes de 1954.

Pero las dudas que expresa no tienen tanto que ver con una concreción temporal. Y sigue: «En realidad, yo no debería hablar sobre Onetti porque lo quiero mucho y hace mucho que lo quiero, pero puedo decir que no lo conozco. Nunca supe bien quién era él y tampoco sé si otros llegaron a conocerlo. Le he dicho más de una vez que hay como una película entre él y la realidad, que él no conoce a la gente, y algo que lo enojó y lo hizo reír un poco fue que no conoce a las mujeres, y por supuesto, que no me conoce a mí, que no me conoció nunca».

Se vieron por primera vez en la década de los cincuenta en un lugar concreto: un bar del barrio de Malvín, en Montevideo. Ella acudió a la cita imaginando encontrarse a un cretino, a un ser despreciable, y se topó con un tipo seductor y muy inteligente.

Por su parte, él pensaba de ella que era una devoradora de hombres, siempre al acecho de su próxima presa. Sin embargo, ninguno de esos prejuicios los libró de adentrarse en ese amor —¿lo fue realmente?— que compartieron, una relación que viviría de encuentros esporádicos, confinada a un espacio irrespirable y marcada por ese tipo de pasión tan fértil para la poesía y tan poco apta para la realidad. «Estaba seduciéndome a fondo con lo mejor de sí mismo y tanto que yo me quedé convencida de que aquello era la séptima maravilla. Esa misma noche me enamoré de él. Me enamoré, me enamoré, me enamoré», dijo Idea después de ese encuentro.

Ella era solemne, inflexible, auténtica, brillante. Él arrastraba fama de hosco, de irónico, de solitario. Ella, la mejor poeta; él, el mejor narrador. Eran la pareja perfecta para los libros y las habladurías, pero resultaban un poco menos aptos para la vida práctica. La relación, que empezó de manera epistolar, fluctuó hasta 1961. Onetti estaba casado con su tercera esposa, Elizabeth María Pekelharing, con la que acababa de tener una hija, y a quien no ocultó las cartas que se mandaba con Idea.

Ella tuvo otros amantes, muchos, como él, que arrastraba fama de mujeriego. Idea se casó una vez y él, cuatro, pero nada impediría las intermitencias de la relación que mantuvieron: «Había un hombre que llegaba a mi casa sin aviso, a cualquier hora. Cerrábamos las puertas y las ventanas. Se detenían todos los relojes», afirmó Idea.

En 1955, Onetti se casó con Dorotea Muhr, «Dolly», pero no dejó a Vilariño ni se molestó en escondérselo a su esposa, quien aceptaba aquellas infidelidades como parte del mundo literario de su marido. De hecho, en 1954, la dedicatoria de *Los adioses*, de Juan Carlos Onetti, como si el título fuera premonitorio de lo que sería su relación, dice así: «A Idea Vilariño».

Onetti era probablemente el último hombre de quien Idea debía enamorarse. Ella se quejaba de que no la entendía, de que no la conocía, y de esos momentos nacieron sus grandes desencuentros. Mantuvo aquella relación a pesar del trato injusto que recibió, ella, que no le permitía algo así a nadie más. Por ejemplo, una noche, Onetti la llamó angustiado pidiéndole que fuera a verlo. Aunque Idea estaba en ese momento con alguien que la quería, decidió ir a su encuentro. Sin embargo, cuando llegó, lo único que hicieron fue darse la espalda, él leyendo un libro y ella, otro. A la mañana siguiente, Idea, agarrándole fuerte de la cara, le dijo: «Sos un burro, Onetti, sos un perro, sos una bestia».

No obstante, es a Onetti a quien están dedicados todos y cada uno de los *Poemas de amor* que publicó en 1957, con un elocuente «A Juan Carlos Onetti». Sin embargo, en una posterior edición del libro, lo borró, como si ese fuera también un acto de desamor definitivo, un manifiesto público que clama «ya no te quiero querer más».

Michel Foucault afirmó que la locura es la ausencia de obra. La obra supone la aceptación de la pérdida; el delirio es su negación. El canto del poeta habla del regreso, del encuentro con el mundo, y quizás sean

la obra y las palabras las que evitan la llegada de la locura. Por eso, esta relación entre ambos está llena de palabras cruzadas, de intentos de encontrar un lugar a lo que no lo tuvo nunca. De tentativas de conjurar un futuro lleno de ausencia, un futuro en el que tantas cosas ya no serían. Ya no iban a suceder. Lo cuenta un poema. El poema.

> *Ya no será*
> *ya no*
> *no viviremos juntos*
> *no criaré a tu hijo*
> *no coseré tu ropa*
> *no te tendré de noche*
> *no te besaré al irme*
> *nunca sabrás quién fui*
> *por qué me amaron otros.*
> *No llegaré a saber*
> *por qué ni cómo nunca*
> *ni si era de verdad*
> *lo que dijiste que era*
> *ni quién fuiste*
> *ni qué fui para ti*
> *ni cómo hubiera sido*
> *vivir juntos*
> *querernos*
> *esperarnos*
> *estar.*
> *Ya no soy más que yo*
> *para siempre y tú*
> *ya*
> *no serás para mí*
> *más que tú. Ya no estás*
> *en un día futuro*
> *no sabré dónde vives*

*con quién
ni si te acuerdas.
No me abrazarás nunca
como esa noche
nunca.
No volveré a tocarte.
No te veré morir.*

«Ya no», como un mantra que no cesa, resumió la relación de Idea y Onetti, que, a pesar de que había subsistido de encuentros fugaces e intermitentes, se interrumpió una tarde de agosto de 1961. Acababan de asesinar a un compañero suyo del liceo, Arbelio Ramírez, y le pidieron que acudiera rápido a una asamblea y ella, que llevaba tres días en casa con Onetti, sin salir, casi sin comer, entregada a pocos quehaceres más que a vivir la pasión, decidió irse. Onetti la detuvo para decirle que si se iba, no lo vería más. Ella, después de pelearse con él, se fue. Unas horas más tarde, regresó, pero él se había marchado. Le había dejado una nota insultándola.

Estuvieron sin verse más de una década, y quizás era cierto que se habían amado, pero, más que cualquier otra cosa, lo que habían hecho era destruirse con los silencios, la distancia y el sufrimiento. Juan Carlos Onetti estaba enfermo y el 15 de marzo de 1974 Idea entró en su habitación de un hospital de Montevideo. Dolly los dejó solos, aunque sabía perfectamente el lugar que ella ocupaba en su vida. En el cuarto pasaron del silencio a los reproches, luego a las aclaraciones, después bordearon el llanto. En el momento en que ella se acercó a tocarle la mejilla, él se incorporó con desesperación y le dio un beso largo y agónico: «Era lo de siempre; me tenía en sus manos, me partía en dos», recordaría ella años más tarde. Minutos después volvió su mujer y él se despidió de Idea con otro beso en la boca.

A pesar de los poemas y del sufrimiento, Onetti mantuvo hasta el final de sus días que Idea no estaba enamorada de él. María Esther Gilio, la periodista que lo entrevistó en más ocasiones a lo largo de su vida, le preguntó por qué creía eso: «Yo no digo que no estuvo, sino que nunca sentí que estuvo. Yo creo que lo suyo es algo muy cerebral, intelectual», le respondió Onetti.

Sentir. Estar. Ser. Parecer. Conocer. Conocerse.

Habían pasado treinta años y, sin embargo, en 1989, en esa entrevista, permanecía en ella la sensación de no poder decir gran cosa sobre él. Al final, fue justamente por culpa de ese verbo: conocer. Nunca llegaron a saber quiénes eran y es eso, esa ignorancia fundamental, lo que habita y vertebra ese poema demoledor acerca de lo que significa no conocerse y quedarse en el umbral para, desde ahí, imaginar cómo hubiera sido lo contrario.

Un principio. Y un museo lleno de finales

No es fácil ponerle palabras a la sensación de estar enamorado. No es fácil lograrlo sin recurrir a manidos tópicos, a cursilerías o, en su defecto, a sesudos análisis que reducen el enamoramiento a un proceso que involucra una serie de reacciones bioquímicas, hormonales y neurológicas en el cuerpo. Es como si el amor, en su esencia, tuviera algo de incomunicable. Existe, sin embargo, una pieza artística que logra captar cómo suena enamorarse. Se llama *Conversations* y dura dieciocho minutos. Contiene el germen de lo que sería una historia de amor de casi cincuenta años entre la compositora neozelandesa Annea Lockwood, conocida por sus exploraciones en torno al mundo de los sonidos naturales y ambientales, y la compositora y pionera de música electrónica Ruth Anderson. Se conocieron en 1973 y se enamoraron. Como no vivían en el mismo sitio, durante los siguientes nueve meses la pareja habló a diario por teléfono. Ruth grabó estas conversaciones telefónicas y, en 1974, sorprendió a Annea con una cinta de casete que contenía *Conversations*, una pieza privada que compuso combinando fragmentos de sus conversaciones con fragmentos ralentizados y distorsionados de viejas canciones populares como «Yes Sir, That's My Baby», «Oh, You Beautiful Doll» y «Bill Bailey». La pieza es como espiar a través de una cerradura para ver —intuir, escuchar— a dos personas enamorándose. En un momento de la pieza se cuelan sus risas. Son contagiosas, tiernas.

Se intuyen —tras esas risas, tras los suspiros, las bromas, las palabras aceleradas, las risas que vuelven otra vez— no solo las ganas de verse o el echarse de menos, sino también esa idea de estar esperándose la una a la otra. Son dieciocho minutos que condensan la cotidianidad de quererse por anticipado.

Si el amor suena a eso, a dos mujeres que ríen, a una conversación que acaba de empezar y se mantendrá a lo largo de casi cincuenta años, el desamor sonaría más bien a vacío, a silencio. Duele más cuando el amor se está acabando que cuando se acaba, pero a ese «estar acabándose» tampoco sabríamos ponerle palabras. Pero no solo sobrevive el fantasma de aquellos a los que una vez quisimos, sino también esos objetos que compartimos y nos recuerdan a ellos.

Después de las rupturas, en el reparto de bienes, los sofás, la tele y las estanterías de Ikea nunca se extravían, suelen sobrevivir a los adioses, pero existen objetos de otra índole, de más difícil cabida en un nuevo hogar. Son un mar de pequeñas cosas, casi insignificantes, si no fuera por el valor que les da el corazón. La pregunta es qué hacer con ellas.

En 2006, una expareja de Zagreb muy bien avenida encontró la respuesta a tan insidiosa pregunta. Olinka Vištica y Dražen Grubišić se habían separado y no encontraban la manera de repartirse algunas cosas que eran de los dos. Por ejemplo, compartían un conejo de juguete al que, como ritual, daban cuerda cuando uno de los dos regresaba a casa de un viaje. Intuyeron que, como a ellos, a muchas parejas les habría sucedido algo parecido: «¿No sería maravilloso que hubiera un lugar al que la gente de todo el planeta pudiera enviar objetos después de romper una relación?», se preguntaron.

En vez de ocultarlos en esas incómodas maletas que luego habitan en los altillos por los siglos de los siglos, decidieron exponerlos, y así nació la primera exhibición de arte rupturista del mundo, que era, ciertamente, una manera muy original de salvar esas inocentes pertenencias de la hoguera y del ostracismo.

Al principio, fueron amigos y conocidos los que les cedían objetos asociados a exparejas, y de ahí nació una primera recopilación que se mostró en 2006 en Zagreb.

Cada una de las piezas que integra tan interesante colección representa una relación fallida, es una curiosa oda al desamor en la que cada participante manda sus objetos junto con una nota en la que explica de dónde proceden y qué significan. Corpiños, sostenes o ligueros de encaje —uno de ellos con un cartelito que dice: «Si lo hubiera usado, tal vez la relación habría durado más»—, perfumes, fotografías, una pierna ortopédica, vestidos de novias plantadas en el altar y hasta un botecito lleno de lágrimas de un novio llorón. También se encuentra ahí una escultura circular hecha de envoltorios de chocolatinas. Pertenece a una chica que los había ido recopilando bajo ese triste cartel que dice «Desde que te fuiste».

Ya en 2006, la propuesta fue un éxito, y la colección empezó una gira alrededor del mundo. Una de sus paradas tuvo lugar en Buenos Aires. La exposición culminó con una campaña publicitaria de una bebida, Paso de los Toros, que decía «Sácate a tu ex de encima».

Tal vez es la mejor manera de acabar un amor: si no puedes olvidarlo, conviértelo en arte.

Gracias, Emma
Bon Iver

UNO:

En un invierno absoluto, en el corazón de un bosque nevado de Eau Claire, Wisconsin, existió una cabaña solitaria. Imaginemos que la cabaña —de madera, austera, con puntiagudos techos recubiertos de pizarra— estaba rodeada de riachuelos helados y de árboles cuyas ramas se enredaban en un intento por alcanzar el cielo oscuro del invierno de 2006.
Imaginémosla aislada.
Lejos.
Más lejos aún.
Durante los meses más helados del invierno, en el interior de esta cabaña vivió un hombre, llamado Justin Vernon, que en poco tiempo había perdido algunas cosas importantes: una banda de música, la salud y a su novia.
La banda se llamaba DeYarmond Edison. La enfermedad, mononucleosis. Y su novia, Emma.
Un buen día ese hombre perdió en una apuesta los últimos doscientos cincuenta dólares que le quedaban. Entonces visualizó una cabaña en medio de la nada. Pero ¿no era justamente ahí, en ese lugar, donde él se encontraba?

DOS:

Justin Vernon llevaba un tatuaje en el pecho. En él, bajo el dibujo de un mapa del estado de Wisconsin,

podía leerse una frase de una canción, «Fugitive», de Indigo Girls, su banda favorita. La frase era un susurro, pero también una advertencia: *I said remember this as how it should be.*

Fue entonces, en ese invierno colmado de pérdidas, donde empezó a echar la vista atrás. Al fin y al cabo —él lo sabía—, la vida se construye en el territorio de la memoria, la vida se ancla en esa narración nuestra cosida al hilo de aquella frase que le susurraba su madre a Nabokov: «Ahora, recuerda».

TRES:

Regresemos a esa cabaña de madera, escasamente amueblada, con apenas un sofá y un televisor. En él, Vernon se aficionó a ver una teleserie llamada *Doctor en Alaska*. En uno de los episodios, los habitantes del pequeño pueblo de Cicely celebraban la llegada de la primera nevada del año reuniéndose en la plaza principal. Como parte del ritual, se abrazaban, se besaban y se deseaban un buen invierno. En francés, *bon hiver*. Fue en ese momento cuando Vernon tuvo una revelación: quitó la h de *hiver* y transformó ese deseo de un buen invierno en el nombre de su grupo musical: Bon Iver. Su propia banda.

CUATRO:

En ocasiones, cuando Vernon dormía acurrucado sobre sí mismo, soñaba con la frase de «Fugitive». Y llegaban hasta él esos ecos de «Ahora, recuerda». A veces los recuerdos se llamaban Emma, pero también llevaban los nombres de otras mujeres. En su memoria quedaba lugar para el dolor, la nostalgia, la decepción. También, incluso, para cierto sentimiento relacionado con la mediocridad de estar ahí solo, en esa cabaña, en medio de la nada.

Sus recuerdos se convirtieron en las canciones que integran el primer álbum de Bon Iver. Con un equipo rudimentario y un micrófono básico, Vernon empezó a escribir y grabar distintos temas sin la intención de que formaran parte de un disco, sino simplemente como resultado de su proceso de introspección. Además, él mismo aseguró que ese álbum no era sobre una mujer, sino sobre seis años de antiguas relaciones y de un dolor en expansión.

Sin embargo, lo bautizó *For Emma, Forever Ago*.

Sus canciones ponen distintos nombres a la pérdida, como en «The Wolves», en la que habla de una antigua relación que no lo abandona. O en «Skinny Love», que canta a esa clase de amor ligero, inconsecuente, que pesa tan poco que cuando se refiere a él en el estribillo, *My, my, my*, tiene que detenerse antes de pronunciar la siguiente palabra. Siempre hubo tan poco, parece decir, que no puede pronunciarse. En «Re: Stacks», quizás la más etérea de todas, Vernon habla del amor propio y la búsqueda de una quimérica felicidad. Allí menciona los manuscritos de Qumrán, aquel descubrimiento milenario que cambió la historia, como si trazara un paralelismo con sus propios hallazgos: el amor, el dolor y la pérdida definitiva que lo transformó para siempre.

«For Emma» es un canto a lo irrevocable, a esos momentos que marcan un antes y un después. Vernon encontró su propio Qumrán en lo que queda del amor, en lo que Emma —sea quien sea— simbolizó y sigue simbolizando. No importa si fue una mujer, una personificación o muchas personas en una sola. Lo que importa es que, aunque la perdiera, Emma sigue existiendo. Permanece en esas canciones que son, al final, «Para Emma, hace una eternidad».

CINCO:

Es solo una conjetura, pero tal vez, cuando Justin Vernon dejó aquella cabaña, la primavera asomaba ya tímidamente. Quizás la nieve empezaba a derretirse, y el invierno quedó atrapado en un suspiro, en un deseo transformado en el nombre de una banda.

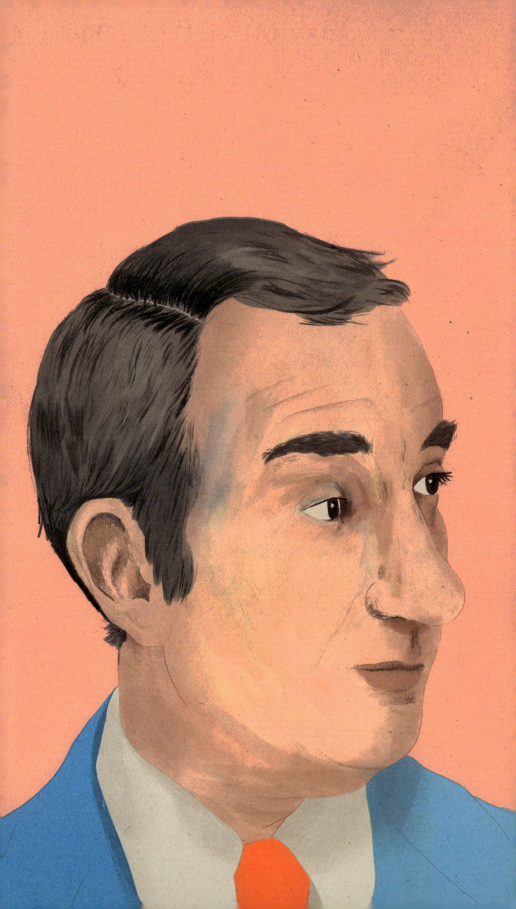

Ese señor que no soy yo
Emma Cohen y Fernando Fernán Gómez

En 1980 el actor Fernando Fernán Gómez y la actriz Emma Cohen se separaron. Después de una gira teatral, de regreso a Madrid, donde ambos vivían, Cohen empezó una breve relación de un año con el escritor Juan Benet. La relación no fue más allá porque, como contaba Elsa Fernández-Santos en un artículo en *Icon* (2016), se interpuso entre ellos un texto de Fernán Gómez publicado en la revista *Triunfo*. En este, el actor le pedía a Cohen que volviera con él y lo hacía de una manera extraña para un hombre tan poco dado a exhibir su vida privada: públicamente.

Se trataba de un texto de siete páginas titulado «El olvido y la memoria» que no era exactamente una carta, sino un texto autobiográfico en el que el actor explicaba al mundo quién era él. Aunque habría que matizar que, más que al mundo, aquel artículo iba dirigido a una única persona. Y esa persona comprendió el mensaje.

La portada de la revista hablaba de la llegada de Ronald Reagan a la Casa Blanca y, en su interior, el texto de Fernán Gómez abordaba su vida sentimental y mencionaba aquel hondo temor a la «enfermedad» del desamor: «De destrozo en destrozo, de derrota en derrota, amable lector, ha ido transcurriendo mi vida sentimental», escribía. Contaba que de joven había estado perdidamente enamorado de Marlene Dietrich, y que desde aquel primer amor idealizado, la actriz alemana había sido su musa. Ansiaba encontrar a una mujer así, una *femme fatale* como las del cine, capaz de destrozarle la vida. En cierta ocasión, añadía, sentado en un aguaducho del madrileño paseo de la Castellana, le contó su deseo a un ligue ocasional. Le dijo que buscaba a una mujer bellísima de la que fuera capaz de enamorarse con absoluta pasión y que pudiera incluso destrozarle la vida. La chica le respondió: «A ti no se te puede destruir, Fernando. Tú ya estás destruido».

En el artículo de *Triunfo*, el nombre de Emma Cohen no aparece. Sin embargo, se refería a ella como la compañera de su vida. «Compartimos nuestros proyectos, confundimos nuestros recuerdos, [...] llenó la casa de risas, de bromas, de juegos, de amigos. Cuanto ella podía tener de hospitalario me lo entregó, procurando, con su gran instinto, restañar viejas heridas, y, con minuciosa delicadeza, no abrir ninguna nueva. Como si todo hubiera de cambiar con su aparición, mi trabajo mejoró súbitamente». Después continuaba hablando de sí mismo para regresar a Emma en las últimas líneas: «A la vuelta a Madrid, mi compañera me abandonó. Aquí termina mi autobiografía. A partir de aquí empieza la autobiografía de otro señor. Ojalá me lleve bien con él».

Probablemente aquel viejo ligue del paseo de la Castellana no había acertado con aquella sentencia prematura de destrucción. Esta llegaría con la marcha de Emma, con el hipotético nacimiento de ese otro señor que compartía nombre con Fernando, pero ya no era exactamente él. Un señor que padecía algo parecido a un dramático y larguísimo resfriado: seguía teniendo que comer, pero la comida no le sabía a nada. Podía seguir viviendo, pero la vida le sabía a otra cosa distinta, peor.

Lo contó Julian Barnes en *Niveles de vida*: «Juntas a dos personas que nunca habían estado juntas [...] y se crea algo nuevo y el mundo cambia. Después, tarde o temprano, en algún momento, por una razón u otra, una de las dos desaparece. Y lo que desaparece es mayor que la suma de lo que había. Esto es quizá matemáticamente imposible, pero es emocionalmente posible».

Según Luis Alegre, que dirigió junto a David Trueba la película documental *La silla de Fernando* —una conversación interesantísima con Fernando Fernán Gómez acerca de su figura—, el artículo publicado en *Triunfo* es el embrión de *El tiempo amarillo*, las memorias que Fernán Gómez publicó en 1990. Alegre contaba que aquel texto no había sido otra cosa que «un pretexto para camuflar, para meter de contrabando, esa declaración de amor que tuvo efectos fulminantes: al leerla, Emma volvió a su lado». Porque es cierto que el artículo fue suficiente para que la actriz rompiese con Benet, y aquel paréntesis fue el único a lo largo de treinta y siete años. Volvieron a estar juntos y se casaron en el año 2000. Lo hicieron en una clínica, con un Fernán Gómez enfermo que, temiendo la proximidad de su muerte —aunque viviría siete años más—, decidió que debían casarse allí mismo.

En cuanto a Barnes: las consecuencias de las rupturas son un recordatorio de que lo que desaparece es mayor que la suma de lo que había. El mundo cambia también y esto es más bien una hipótesis, pero si Emma no le hubiera dejado, Fernando no habría sentido la necesidad de contarse a sí mismo para decir algo tan aparentemente sencillo —aunque necesitó siete páginas— como «Hola, Emma. Estoy aquí. Te echo de menos». Y así, si no hubiera existido ese artículo, tampoco lo habrían hecho esas inolvidables memorias cuyo título procede de esos eternos versos de Miguel Hernández que dicen: «Algún día / se pondrá el tiempo amarillo / sobre mi fotografía».

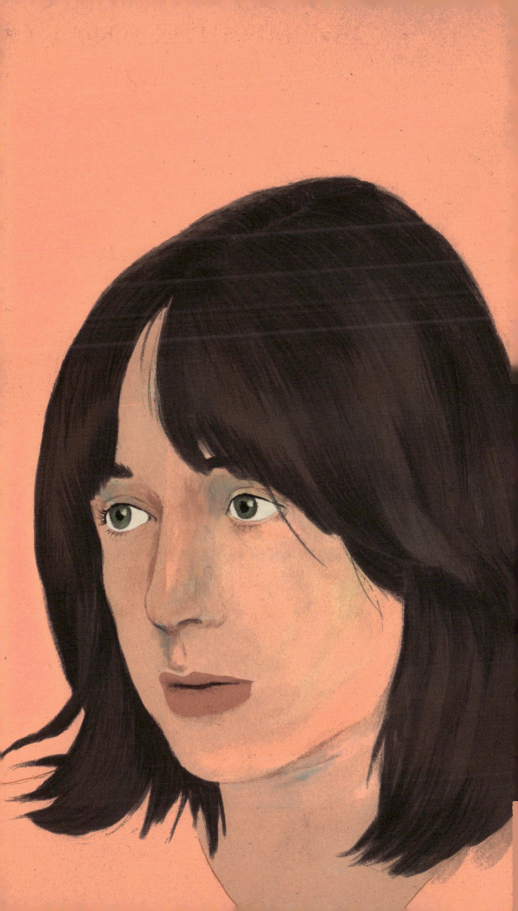

Nadie ama a un niño genio
Jean-Michel Basquiat y Madonna

Ya decía Flannery O'Connor que para escribir no hace falta vivir grandes aventuras, que basta con haber sido niño. Lo mismo podría aplicarse a otras artes, así que, por unos instantes, imaginemos a un niño de tres años que llena de dibujos las hojas que su padre, contable, trae a casa después del trabajo. Imaginemos los trazos irregulares, toscos, con los que comienza a mirar el mundo y lo dota de incipiente sentido. El niño, de padre haitiano y madre puertorriqueña, se llama Jean-Michel Basquiat y recorre, desde bien pequeño, las galerías y exposiciones de arte de la vibrante ciudad donde vive, Nueva York, de la mano de su madre, Matilde, que le regala una infancia asomada a la poesía, al arte.

Un día de primavera, en 1968, mientras Basquiat juega en la calle, lo atropella un coche. Tiene siete años y, aunque sobrevive, pasa meses recuperándose en el hospital. Para distraerlo de la inmovilidad de la convalecencia, su madre le trae un ejemplar de *Gray's Anatomy*, un libro de anatomía para estudiantes de Medicina. Si bien se recupera de sus heridas, Basquiat nunca vuelve a ser el mismo después de perderse en las hiperrealistas ilustraciones, que serán una gran fuente de inspiración de su obra. Tampoco vuelve a ser el mismo desde que entiende que la muerte puede hacer acto de presencia en el momento más inesperado y de la manera más repentina.

El poema que abre *The Radiant Child* —el documental de Tamra Davis sobre Jean-Michel Basquiat—

es «Genius Child» (Niño genio), de Langston Hughes. Dice así:

Esta es una canción para el niño genio.
Cántala suavemente, es una canción salvaje.
Cántala suavemente, todo lo que puedas.
Deja que la canción fluya.
¿Puedes amar a un águila domesticada o salvaje?
¿Puedes amar a un águila salvaje o domesticada?
¿Puedes amar a un monstruo de nombre temible?
Mátalo y deja que su alma huya salvaje.

Su infancia fue complicada. La relación con su padre, Gerard Basquiat, estuvo marcada por la tensión y los problemas, y su madre fue hospitalizada por trastornos psiquiátricos. A los diecisiete años, Basquiat dejó la escuela y las calles de ese Brooklyn que le había visto nacer para mudarse al Lower Manhattan, donde se unió a la escena del grafiti bajo el seudónimo SAMO (abreviatura de *Same Old Shit*, «la misma mierda de siempre»), compartido con su amigo Al Diaz. Podría decirse que era un grafitero lírico, alguien que dejaba mensajes crípticos y poéticos en las calles de Manhattan que pronto llamaron la atención del círculo artístico *underground*. En 1980, SAMO llega a su fin y Basquiat deja el grafiti urbano por el mundo de las galerías de arte.

A principios de la década de los ochenta, Nueva York vivió una verdadera revolución cultural. La ciudad irradiaba una energía magnética que atraía a todo tipo de mentes creativas y artísticas, muchas de las cuales dejarían una huella perdurable en la historia. Jean-Michel Basquiat, Keith Haring y Kenny Scharf formaban parte de una nueva generación de artistas que se inspiraban en la cultura urbana, el grafiti y el espíritu punk. En 1980, cuando Basquiat participó en la exposición colectiva *The Times Square Show*, que reunía a varios artistas emergentes de la escena del Lower East Side, empezó a destacar: su trabajo captó la atención de críticos y coleccionistas que identificaron en su obra una fusión del arte callejero y el neoexpresionismo, el movimiento artístico dominante en ese momento.

Fueron años de efervescencia, de inauguraciones, fiestas, eventos, oportunidades. Años donde imperaba la sensación de que todo era posible, de que todo podía ocurrir porque aquel Nueva York era *el lugar*. Para Basquiat fue una época llena de encuentros irrepetibles que marcarían su vida: por ejemplo, fue a principios de los ochenta cuando conoció a Andy Warhol, con quien forjó una profunda amistad y una colaboración artística fundamental. Y asimismo, en 1982, durante una fiesta, conoció a Madonna. Y aunque ambos procedían de mundos muy diferentes, el arte de Basquiat resonó en la rompedora e inclasificable personalidad de Madonna.

En 1996, la cantante escribió un artículo para *The Guardian* titulado «Me, Jean-Michel, love and money», para conmemorar una exposición de Basquiat en la Serpentine Gallery de Londres. Comenzaba así:

> Él tenía la presencia de una estrella de cine y yo estaba loca por él. Llevaba billetes arrugados en los bolsillos de sus trajes Armani manchados de pintura. Se sentía culpable por tener ese dinero. Dinero que siempre daba a sus amigos menos afortunados. Recuerdo la firma de Jean-Michel, SAMO, acompañada de una pequeña corona, y recuerdo haber pensado que era un genio. Lo era. Pero no estaba muy cómodo con eso.

De su relación ha quedado poco, ninguna carta, solo algunas fotografías en blanco y negro que capturan los intensos meses de un amor que cautivó tanto al mundo del arte como al de la música. «Era un hombre increíble y profundamente talentoso. Lo amaba», expresó Madonna. Su vínculo representó el encuentro entre dos mundos muy distintos: el de la música pop y el del arte callejero, el de la espiritualidad y el del realismo social. Mientras Madonna buscaba una trascendencia espiritual, Basquiat vivía atrapado en su propia oscuridad, luchando contra los demonios de la adicción. Y fue precisamente ese, el problema con las drogas, el principal desencadenante del desgaste entre ambos. Basquiat batalló contra el fantasma de la drogadicción a lo largo de toda su vida, una lucha que se intensificó tras la muerte de su amigo Andy Warhol en 1987. De nuevo Madonna:

> Era una de las pocas personas de las que realmente sentía envidia. Pero él no se daba cuenta de lo bueno que era y estaba lleno de inseguridades. Solía decir que tenía celos de mí porque la música es más accesible y llega a más personas. Despreciaba la idea de que el arte fuera valorado solo por un grupo de élite.

Pero rompieron. Y, tras la separación, Basquiat le exigió a Madonna que le devolviera los cuadros que le había regalado. Temía que ella los vendiera —como si vender significara desprenderse de lo que habían sido, o peor, poner un precio, olvidar—. Quizás, lo que le ocurría a Basquiat es que no soportaba la idea de que fuera ella la que decidiera qué hacer con los restos, las ruinas. Prefería deshacerse él de lo que quedaba. A su manera.
Apenada, Madonna lo hizo. Le devolvió los cuadros.

¿Que si Basquiat los guardó? ¿Que si los dejó en un altillo, en un trastero, en una vieja maleta? No. Lo que hizo cuando volvió a tenerlos en su poder fue pintarlos completamente de negro. Y aquello fue como bajar el telón. Como una clausura. Como decir la oscuridad es mía y la oscuridad es lo que nuestra relación merece.

Es difícil saber si bajo aquella capa de pintura negra se seguían intuyendo las formas de lo que un día fue un regalo que decía *me importas*, quizás, incluso, *te quiero*. Es aún más difícil tratar de averiguar qué tipo de negro usó Basquiat, si conocía algún pigmento parecido al Vantablack, desarrollado en 2014 y capaz de tragarse el 99,96 por ciento de la luz que recibe, y que por eso se bautizó como el negro más negro del mundo. Lo que sí podemos intuir es que con aquellos brochazos borró la posibilidad de que Madonna, mirando sus lienzos, recordara quiénes habían sido ellos, quién fue ella junto a aquel chico sensible, perdido en inseguridades, aquel niño genio que de tanto querer comerse la vida estaba siempre próximo a devorarse a sí mismo.

El 12 de agosto de 1988 Basquiat falleció por sobredosis. En ese mismo momento, nacía un mito. «Cuando supe que Jean-Michel había muerto, no me sorprendió. Era demasiado frágil para este mundo», sentenció Madonna. Nadie ama, lo dice el poema, a un niño genio.

Una pareja de tres
Julian Barnes, Pat Kavanagh y Jeanette Winterson

Es una de las instalaciones más célebres e impactantes de la escultora colombiana Doris Salcedo: una grieta enorme se abría en el suelo de hormigón de la sala de turbinas de la Tate Modern. Se trata de *Shibboleth* (2007), una obra cuya poética lanza un mensaje sobre la división, la segregación y la separación. Una obra acerca de las grietas como huellas o, más bien, como marcas indelebles.

Pero quizás, antes de hablar de las grietas, habría que empezar esta historia por otro lugar, por una agente literaria que se enamoró de un escritor al que representaba, y por un escritor que se enamoró de su agente literaria.

Él es Julian Barnes, conocido entre otras obras por *El loro de Flaubert* o *El sentido de un final*, y ella, su agente, la que se convertiría en su mujer, era la mítica Pat Kavanagh, que llegó a habitar todas las dedicatorias de Barnes —*To Pat*—. De su historia de amor conocemos sobre todo el final: cuando ella murió, a los sesenta y ocho años, Barnes retrató ese duelo en el excelso *Niveles de vida*.

Se conocieron en 1978, y un año más tarde se casaron. Vivían en una casa en el norte de Londres y cuentan que solían invitar a sus amigos a cenar y que ambos cocinaban maravillosamente bien, pero que Pat siempre se encargaba de preparar la ensalada y no se tomaba nunca más de una copa de champán.

No han trascendido demasiadas imágenes de su casa, pero la imaginamos como un hogar sobrio, aunque lleno de libros y conversaciones sobre libros (los propios y los de los demás). Charlas sobre otros autores, manuscritos, fechas de publicación, contratos, sobre ese autor que no entrega a tiempo o el editor que ofrece unas condiciones ridículas. Una casa llena de literatura.

Una de las autoras de la agencia de Pat era Jeanette Winterson, esa chica tímida que había escrito un primer libro llamado *Fruta prohibida* (1985), cuyo título original, *Oranges Are Not the Only Fruit*, hacía referencia a su madre adoptiva, que tenía una obsesión con comer una única fruta, las naranjas, como si no existieran el verano y todas esas otras frutas un poco menos aburridas que las naranjas.

Pat y Jeanette se enamoraron y Pat dejó a Julian para marcharse a vivir con ella. El *affair* entre las dos mujeres empezó a mediados de la década de 1980 y terminó en 1989. Se hizo público tres años más tarde, cuando Winterson —que para entonces había decidido que no necesitaba los servicios de un agente— habló de ello brevemente en una entrevista para la promoción de su novela *Escrito en el cuerpo*. La lógica le decía que Pat se había marchado. Pero ella no lo sentía, no asimilaba esa lejanía. Y qué otra cosa podía hacer más que escribir. De manera que así lo hizo, y ficcionalizó su historia de amor en *Escrito en el cuerpo*. Aunque ficcionalizar es un verbo extraño, es una manera de decir: lo que he escrito es verdad, pero hubiera querido que no lo fuera. En el libro hay un párrafo que dice:

«Lo superarás...». La causa de los problemas son los clichés. Perder a alguien a quien amas es alterar tu vida para siempre. Y no lo superas, porque «lo» es la persona que amas. El dolor acaba, llega gente nueva, pero la grieta nunca se cierra. ¿Cómo

va a cerrarse? [...] Este vacío en mi corazón tiene tu forma, y nadie más puede llenarlo. ¿Por qué iba a querer que alguien lo llenara?

Por eso, volvemos a las grietas. La brecha en el suelo de la Tate Modern dejaba entrever física y metafóricamente cómo el corpus de la cultura occidental se asienta en realidad en lo que oculta y niega. Pero también ocurre así en la vida personal y somos lo que tratamos de esconder, ahí, en una insondable fisura que nunca se cierra.

Un día, a Pat le diagnosticaron un tumor en el cerebro. Tuvo poco tiempo, tiempo de llamar a Jeanette, y quién sabe qué se dirían. Si hablarían de que hay más frutas que las naranjas o si hubo en esa conversación la semilla de lo que años después sería la *memoir* de Jeanette, titulada *¿Por qué ser feliz cuando puedes ser normal?* Quién sabe si ellas habrían sido felices o normales, porque he aquí algo verdaderamente misterioso: la vida de otras personas.

Los más románticos dijeron que siempre habían estado enamoradas la una de la otra, hasta el final. Pero cuando Pat murió, la prensa, en los titulares más morbosos de los periódicos sensacionalistas, anunció: «Triunfo final para Julian Barnes». Y todo porque Pat había dejado fuera de su herencia a Jeanette.

El disco de las rupturas
Fleetwood Mac

El disco, que lleva más de cuarenta millones de copias vendidas, es uno de los diez álbumes más vendidos de todos los tiempos. Se trata de *Rumours* (1977), del grupo Fleetwood Mac, una de las familias más desestructuradas del mundo del rock. Está integrado por dos parejas —la que formaban Christine y John McVie, y la de Lindsey Buckingham y Stevie Nicks— y por un quinto miembro, Mick Fleetwood, emparejado también, aunque fuera del grupo.

Rumours no es un álbum cualquiera. En primer lugar, porque contiene temas que ya son himnos como «Don't Stop», «Dreams», «Go Your Own Way» o «You Make Loving Fun». Pero su singularidad bebe especialmente de su proceso de creación, marcado por el torbellino emocional que supuso la ruptura en directo de estas parejas.

En febrero de 1976, cuando comenzó la grabación de *Rumours*, la teclista y cantante Christine McVie le confesó a su esposo, John, bajista, que estaba saliendo con otro. Él se lo tomó mal, pero ninguno de los dos consideró el asunto lo suficientemente serio como para abandonar la banda. Había un pequeño detalle que él desconocía: ella lo había dejado por el director de iluminación, a quien dedicaría la canción «You Make Loving Fun». Por otro lado, Lindsey Buckingham, guitarrista y vocalista, y Stevie Nicks, cantante, estaban al borde de la ruptura y no podían soportarse. De hecho, Stevie le comunicó a Lindsey

que su relación había acabado cuando ya estaban en el estudio de Sausalito, en California. El quinto en discordia, Mick Fleetwood, perplejo, asistía día a día al espectáculo de aquellas extrañas exparejas que se lanzaban entre ellos dardos envenenados. Pero tampoco él salió ileso de aquella marejada de desamores y rupturas. El que fuera baterista y líder del grupo, respetado por todos, descubrió —por teléfono— que su esposa, Jenny (hermana de Pattie Boyd, la esposa de George Harrison y luego de Eric Clapton), le era infiel con un amigo suyo.

Aderecemos este cóctel de tensiones con una buena dosis de alcohol y drogas y de esa explosiva mezcla emerge uno de los más emblemáticos discos de la historia del rock, que se puede leer como un registro de los vaivenes emocionales de estas exparejas. Por ejemplo, «Dreams», la segunda canción de *Rumours*, cantada por Stevie Nicks, explicaba la ruptura con Lindsey desde su punto de vista: «Y de nuevo dices que quieres tu libertad, / quién soy yo para negártela». Es un tema más bien melancólico, sin rencores, anclado en los buenos momentos perdidos. Sin embargo, Lindsey le respondió con una canción un poco más contundente titulada «Go Your Own Way». Sigue tu camino.

En una entrevista para *Rolling Stone*, Nicks reveló: «En este álbum, todas las canciones que escribí están claramente inspiradas en las personas de la banda... Las relaciones de Christine, la relación de John, la de Mick, la de Lindsey y la mía. Todo está allí, y las canciones son muy sinceras».

Como era de esperar, la grabación de *Rumours* no fue fácil. Se alargó un año entero, pasando por siete estudios, y costó más de un millón de dólares. Finalmente llegó a las tiendas el 4 de febrero de 1977. Cada uno había contado sus miserias y dolores a su manera en un álbum que fue un éxito, aunque todos pagaron un precio muy alto, precio que olvidaron —o al menos eso afirmó Mick Fleetwood— cuando alcanzó el número uno de ventas el 21 de mayo de 1977, desbancando a *Hotel California*, de los Eagles.

«Las corrientes del tiempo nunca son iguales para dos personas, ni siquiera tratándose de amantes», dijo el escritor japonés Yasunari Kawabata. De manera que todas las historias de amor cuentan, al menos, dos historias. A veces tres, cuatro, incluso cinco. Así que, tal vez, más que de la grabación de un álbum habría que hablar en este caso de una terapia de grupo de alcance universal. Un desamor tras otro, una versión tras otra, un ajuste de cuentas, un decir sin decir en forma de canciones, de nuevo mensajes en una botella cuya verdad, cuya feroz autenticidad, transformó la traumática vida privada de sus integrantes en una catarsis colectiva que perdura hasta el día de hoy.

Sobre el amor y la vejez
Johann Wolfgang von Goethe y Ulrike von Levetzow

Fue en verano de 1823 cuando Johann Wolfgang von Goethe, el autor más famoso de Alemania, a punto de cumplir setenta y cuatro años, se instaló en Marienbad, Bohemia, una ciudad conocida por las propiedades curativas de sus aguas termales. Buscaba calma y sosiego, ya que el año anterior había sufrido una grave enfermedad que lo había tenido postrado en la cama. Sin embargo, en Marienbad encontró algo un poco distinto a lo que esperaba. Algo mejor.

Al poco de llegar, se sintió rejuvenecer, y no fue debido a las aguas termales. Se enamoró profundamente de Ulrike von Levetzow, una chica de diecinueve años a la que empezó a cortejar pese a que le cuadruplicaba la edad. Puede que tuviera la impresión de que ella le devolvía las atenciones, aunque tal vez solo se comportaba como una nieta afectuosa lo haría con su encantador abuelo. Goethe, que había enviudado unos años atrás, conoció a Ulrike en 1821, también durante el verano, y desde entonces habían mantenido una relación epistolar. Sin embargo, aquel verano de 1823 fue definitivo en cuanto a las ilusiones que había ido albergando el poeta, que se armó de valor y se decidió a pedirle la mano.

Cierto es que no era *exactamente* de su misma edad, pero había otros factores que podían compensar aquel desequilibrio, pensaría él, porque la petición incluía una tentadora oferta: Goethe le concedería una generosa pensión vitalicia cuando se quedara viuda.

Pero Ulrike rechazó la oferta aduciendo que estaba demasiado unida a su familia como para abandonarla tan temprano y, además, consideraba a Goethe como un padre afable y de buen corazón, pero nada más.

Con la negativa, el 5 de septiembre de 1823, Goethe abandonó Marienbad decaído y triste. Ya en el interior del coche que lo conducía de vuelta a casa comenzó a componer los versos de lo que sería la «Elegía de Marienbad», una de las obras cumbre de la lírica alemana. Aprovechó la primera parada, exactamente a las ocho de la mañana, para escribir la estrofa inicial:

*¿Qué me reserva el devenir ahora
y este hoy, en flor apenas entreabierta?*

Compuso el resto de la «Elegía» a lo largo del viaje. El poema estuvo listo sobre el papel aquella misma noche, al llegar a casa, y es el resultado de un estado de efervescencia y desencanto, de ese cercenado amor que acababa de perder de manera irreversible.

«La vida perjudica la expresión de la vida. Si yo viviera un gran amor, nunca podría contarlo», escribió el poeta Fernando Pessoa, estableciendo así una clara separación entre experiencia y escritura. Mientras se vive no se escribe, o se vive o se escribe. Sin embargo, la escritura tal vez sea ese lugar donde exorcizar lo que no fue, y es de ese sentimiento de vacío e incompletitud desde donde Goethe redactó esta elegía, que es uno de los más sinceros y profundos poemas de amor que nunca se han escrito. Goethe, que era un hombre moderado y parco a la hora de manifestar sus sentimientos más íntimos, nunca había compuesto una estrofa semejante:

> *Si su imagen me falta, ¿qué haré yo?*
> *Recrearla mil veces, bondadosa*
> *o esquiva, y entregada, y vacilante,*
> *llena de luz, de oscuridad cubierta.*
> *Pero este ir y venir, confuso y vano,*
> *¿podrá sanarme acaso de mi mal?*

En la actualidad, Marienbad se llama Mariánské Lázně y está en la República Checa. Es ahí donde se encuentran las estatuas de Goethe y de la joven Ulrike von Levetzow, que son un eterno recordatorio de que, como decía el propio Goethe, en ocasiones, «el amor, cuyo poder siente la juventud, se aviene mal con la vejez».

Sabemos que Goethe le envió a Ulrike la «Elegía de Marienbad» y que ella jamás olvidó aquella declaración de amor. De hecho, decidió permanecer soltera el resto de su vida. Existe una fotografía en la que, muy anciana, posa con la mano sobre un cofrecillo en el que guardaba las cartas del difunto Goethe.

Summer no era una zorra
Scott Neustadter

Abiertos y cerrados: así son los dos tipos de finales que, a grandes rasgos, permite la literatura. Los abiertos son los de esas historias que no terminan del todo, que el lector debe interpretar, imaginar. Por el contrario, en los cerrados, se cuela el clásico «y fueron felices y comieron perdices». O al revés: no fueron felices y las perdices tampoco llegaron, pero, independientemente del resultado, en ellos se elimina la incertidumbre y el interrogante.

En nuestra vida, los finales definitivos no existen, salvo cuando nos morimos, pero para el resto de los asuntos habría que pedir finales cerrados. Si la certeza es, en determinados momentos, enemiga del buen arte, los finales abiertos en la propia biografía suelen ser losas difíciles de arrastrar. Así que pidamos finales abiertos para la literatura y asegurémonos el final más concluyente posible —con o sin perdices— para la realidad.

Sea como fuere, los finales acostumbran a ser mucho más complicados que los inicios. Y cuando llega el de una relación, hay varias maneras de enfrentarse a él.

Los hay que pasan página.

Los hay que necesitan escribir trescientas páginas para pasar página.

Y los hay también que hacen una película que empieza con los siguientes créditos.

Primera cartela. *Nota del autor: Lo que vais a ver es una ficción. Cualquier parecido con personas vivas o muertas es pura coincidencia.*

Segunda cartela: *Especialmente para ti, Jenny Beckman.*

Tercera cartela: *Zorra.*

Es decir. Los hay que escriben una película para mandar un mensaje a alguien. Pero el refranero cuenta que lo que dice Juan de Pedro dice más de Juan que de Pedro.

En español la película se llama *500 días juntos*, aunque su título original es *500 Days of Summer*, y resulta que el nombre de la protagonista es Summer. El verano es esa época de prórroga, de calor y de playa. De simulacro de la vida real, esa época que, lo queramos o no, nos susurra que así podría ser el resto de nuestra existencia.

En la película, todo lo bueno se concentra en una chica, Summer, interpretada por Zooey Deschanel. Es pizpireta, divertida, fresca, y no cree en el amor verdadero. Aunque cuando conoce a Tom, un joven tímido e introvertido, parece que podría llegar a cambiar de opinión. Se atraen y tienen gustos similares en música, un elemento indispensable para el discurso narrativo de la película, porque marca estados de felicidad y tristeza de los personajes y porque además, gracias a ella, los personajes se enamoran.

Suenan canciones como «Us», de Regina Spektor, o «There Is a Light That Never Goes Out», de The Smiths, y los vemos pasear, mirarse. Encontrarse.

Summer y Tom empiezan uno de esos romances que parecen hechos a medida de la gran pantalla. Todo belleza y romanticismo. Pero de repente, cuando ya intuíamos —o al menos eso intuía Tom— que se acercaba el momento de pensar en el nombre de sus hijos, Summer decide que quiere algo distinto. Así, sin más. Sin ningún desencadenante ni terceras personas.

La película se convirtió en un éxito. Muchos se vieron reflejados en ese papel de víctima: el del pobre Tom, pero es justo decir, rompiendo una lanza a favor de Summer, que Tom se obsesiona con ella, con su idea de ella, en la que proyecta todas sus fantasías y necesidades.

Sin embargo, el personaje de Summer no surgía de la nada. No era una invención de Scott Neustadter, el guionista de *500 días juntos*, puesto que él había conocido a su propia Summer en una universidad de Londres. Se trataba, como no podía ser de otra forma, de esa Jenny de la dedicatoria.

Contó en una entrevista que en octubre de 2002 vio a una chica en la London School of Economics y pensó dos cosas: ella era lo que siempre había estado buscando, y aquello iba a acabar muy mal.

Tuvo razón en lo primero, aunque no en lo segundo. Las cosas acabaron, sí. Con un final cerrado sin perdices. Pero no siempre, contrariamente a lo que cantaba Calamaro en la canción «Crímenes perfectos», todo lo que termina termina mal. Jenny-Summer buscaba algo distinto y Neustadter se quedó destrozado, pero logró pasar página, suponemos, al transformar su historia en una película.

A lo largo de la promoción contó a la prensa que después de terminar de escribir el guion, se reencontró con Jenny para cenar en un restaurante de Los Ángeles. Fue todo frío pero correcto, como lo son los primeros encuentros con los ex. Hablaron de su vida y de sus amigos, pero no de ellos. Le dio el guion para que lo leyera y quizás lo hizo a modo de venganza. Sin embargo, más tarde, Jenny le felicitó y le dijo que le había encantado la historia porque se había sentido muy identificada. Pero con Tom.

Hay que tener cuidado con el arte. Es escurridizo y va siempre un paso por delante de la realidad.

La transforma, la reinventa. Le otorga insólitos significados.

Fue esa la razón, imaginamos, por la que Scott Neustadter decidió añadir a los créditos una frase un poco menos sutil. Para que no hubiera malentendidos. Y acerca de ese calificativo de la tercera cartela no hubo ninguna aclaración. No se sabe nada, solo lo que dice el refranero.

Todos los colores
Amy Winehouse

El negro no es un color, sino más bien la absorción de todos los colores.

En las culturas occidentales, se asocia con el luto y la muerte, lo que lo convierte en un símbolo de la tristeza más lúgubre. Es, también, la sombra que se extiende con la caída de la noche, lo desconocido que acecha en la oscuridad, un reflejo de lo que se pierde en la penumbra.

Existe un álbum musical que navega por ese abismo que surge cuando la luz se apaga, cuando regresamos a un lugar, ese oscuro rincón del alma en el que, a pesar de que lo intentemos, no podemos ver. Se llama *Back to Black*, y es de esa cantante prodigiosa que fue Amy Winehouse.

La voz de Amy Winehouse —quebrada, desgastada, emocional, ese timbre áspero y rasposo, su tonalidad, a menudo comparada con la de grandes voces del jazz y el blues— encumbró a esta joven cantante londinense a una fama que tal vez le llegó demasiado pronto. Ya con su primer álbum, *Frank*, que apareció en 2003, alcanzó un éxito repentino y sus canciones se posicionaron en lo más alto de las listas del Reino Unido.

En 2005, Amy conoció en The Good Mixer, un pub de Londres, a Blake Fielder-Civil. Entonces, ambos tenían pareja, pero dejaron a sus respectivos compañeros para empezar algo juntos. La suya nunca fue lo que se dice una relación armoniosa, tranquila, sino que resultó problemática desde el principio, con un fuerte

componente de dependencia mutua y una dinámica marcada por la inestabilidad. El vínculo que compartían era puro e intenso, aunque también devastador. El hermano de Blake declaró que estar cerca de ellos era como «observar a dos trenes que se acercan con exceso de velocidad antes de un choque violento».

A pesar de todo, la relación funcionó hasta el día en que él, mientras Amy estaba de vacaciones con unas amigas en Mallorca, le envió un mensaje en el que le contaba que había decidido volver con su exnovia, aunque le proponía seguir siendo amigos. Como era de esperar, Amy no logró comprender la decisión de Blake, lo que la sumió en un profundo estado de confusión e ira. Durante un tiempo, decidió no volver a contactarlo, pero eso solo la arrastró a una espiral destructiva: insomnio, medicamentos para la depresión y alcohol. Las adicciones empezaron a ser verdaderamente alarmantes en la vida de Amy. Sin embargo, poco a poco, logró encontrar una salida de esa oscuridad y lo hizo en gran parte gracias a la música, y en 2006 grabó su segundo y último álbum publicado en vida, *Back to Black*.

«Si una puede poner palabras a lo vivido —escribe Virginia Woolf—, es que el acontecimiento está separado del sufrimiento puro, que se vive como irrealidad». El sufrimiento puro también se vive como oscuridad absoluta, y el regreso de ahí es la obra, la música. Por ello, *Back to Black* supone, en realidad, la salida de la oscuridad.

La canción que da nombre al álbum es un relato de su ruptura, de cómo se sentía tras la separación de Blake Fielder-Civil. Son sus canciones las que revisten de palabras el dolor y la ira de haber sido traicionada, e incluso sustituida, por otra mujer. Como ella misma explicó a la prensa: «*Back to Black* surge de ese momento en que terminas una relación y regresas a lo que es cómodo para ti. Mi ex volvió con su novia y yo volví a beber y a los tiempos oscuros». *You go back to her and I go back to black*, la canción lo dice.

Todo el álbum, compuesto por otros temas tan conocidos como «Rehab», ahonda en la sensación de abandono y de no saber hacia dónde tirar. Después del amor, la nada, parece decir. Sin embargo, fue justo esa supuesta nada, la pérdida, el detonante de este disco catártico que revela la inmensa fuerza creadora del desamor y evidencia los caminos sin salida por entre los que este puede llegar a estancarse.

El videoclip de «Back to Black», en blanco y negro, fue filmado en el cementerio de Abney Park y en otras localizaciones de Londres que se convirtieron así en las ubicaciones del entierro de su relación, a través de un funeral simbólico. Pero fuera de la pantalla, en esa realidad que tenía más colores que el blanco y el negro, Blake y Amy retomaron su relación en 2007. «Nos amamos de una manera intensa y probablemente de una forma malsana y codependiente», afirmó Blake en una ocasión. Ese mismo año se casaron y fue también entonces cuando Amy conoció, de la mano de Blake, las drogas duras. Su adicción empeoraba cuando ambos estaban separados físicamente.

Amy estaba tan enamorada de Blake que pisó una línea roja que convierte el amor en otra cosa bien distinta: la dependencia, la obsesión. La locura. En el documental *Amy*, dirigido por Asif Kapadia, la cantante afirma que tuvo que alejarse de Blake porque se rompían el corazón una y otra vez. Sentía tanta pasión por él que lo imitaba en todo. Si se cortaba, ella hacía lo mismo; si se drogaba, ella iba detrás. Como la misma Amy cantó en «Love Is a Losing Game», hay relaciones que están condenadas a la pérdida, y esta fue una de ellas. Perdieron.

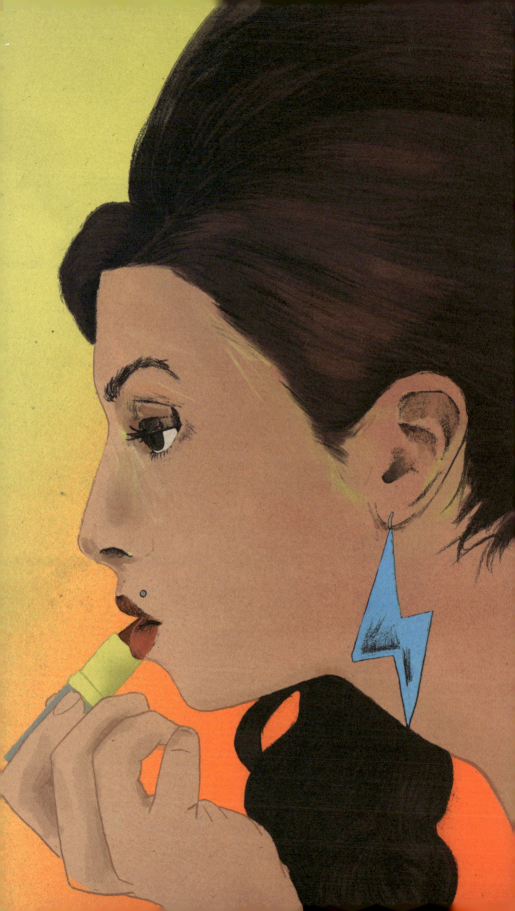

Los dos, pero sobre todo Amy. Porque dos años después de la separación, en 2011, la artista murió tras ingerir una cantidad bárbara de alcohol. Muchos no dudaron en apuntar a Blake como culpable indirecto de la tragedia. Tenía veintisiete años, la edad maldita, la de Janis Joplin, Jimi Hendrix o Jim Morrison.

Richard Brautigan escribió un texto precioso y delicado sobre lo que supone enamorarse. Lo relaciona con la llegada de la electricidad. El texto, un poema en prosa que se llama «I Was Trying to Describe You to Someone», narra las dificultades para definir cómo es la persona de la que se ha enamorado. Trata de encontrar la manera, pero no lo logra. «No podía decir: "Bueno, ella es igual que Jane Fonda, pero es pelirroja y su boca es diferente, y además, ella tampoco es una estrella de cine". No podía decir esto porque no te pareces para nada a Jane Fonda. Finalmente acabé describiéndote como una película que vi en Tacoma, Washington, cuando era pequeño».

En la película se cuenta la emocionante llegada de la electricidad al campo, como si esta fuera un dios griego que barre para siempre sus hábitos arcaicos y extenuantes y acaba con las dificultades de los granjeros. Termina así: «Era una película fantástica y me emocionaba tanto como escuchar una canción patriótica o ver fotografías del presidente Roosevelt o escucharlo en la radio. [...] Quería que la electricidad llegara a todo el mundo. [...] Así es como yo te veo a ti».

Si bien se piensa que el negro supone la ausencia de luz, en realidad se queda con toda la luz del espectro de colores. Podríamos decir entonces que el negro alumbra e ilumina. Que transforma. Y así es como vemos a Amy.

En Camden, el barrio londinense que la vio nacer como artista, se levantó una estatua de bronce en su honor. Es Amy, inmortalizada con su característico peinado. Sus fans le dejan flores, coloridas pulseras que rompen la monotonía del metal.

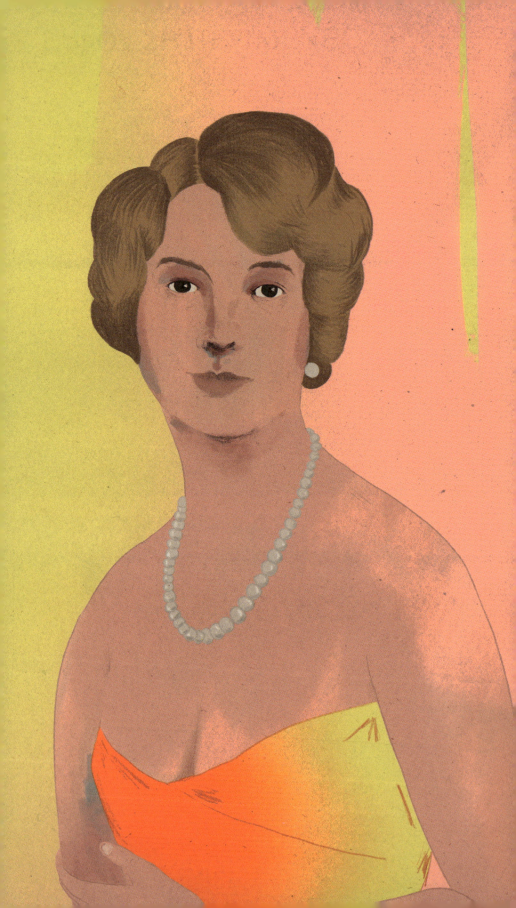

Una venganza de treinta y tres pisos
Corina Kavanagh

¿Puede el desamor ocupar una de las esquinas más míticas de una ciudad como Buenos Aires? ¿Puede convertirse en una revancha que mide treinta pisos de altura? Sí, puede.

En el cruce de las calles Florida y San Martín, en la plaza San Martín, ubicada en el porteño barrio de Retiro, se levanta, imponente, un edificio de estilo racionalista que llama la atención de cualquier transeúnte. Su ubicación podría ser casual, pero no lo es.

Hace casi cien años, en la década de los treinta, Corina Kavanagh era una mujer decidida, con carácter. Procedía de una familia que se había enriquecido en poco tiempo, de esas a las que despectivamente se llama «de nuevos ricos» para remarcar que por su sangre no corre linaje patricio alguno.

Años atrás, Corina había mantenido un romance con un joven de la alta alcurnia bonaerense, hijo de Mercedes Castellanos de Anchorena, una mujer que se opuso de forma tajante a la relación. ¿Cómo iba a irse su vástago con una cualquiera, con alguien que no fuera noble, como ellos? Por encima de su cadáver.

Así que Mercedes Castellanos de Anchorena, con una eficiencia que haría palidecer a cualquier villano de telenovela, logró interponerse entre la pareja y hacer que aquella abyecta relación terminara. Dolida y humillada, Corina no se quedó llorando en su casa, sino que decidió tomar cartas en el asunto. En lugar de escribir o de dedicarle una canción triste, optó por hacer algo más creativo. El plan era, en realidad, una venganza, que se sirve, como es sabido, en plato frío, y a lo de frío ella añadió otro elemento: con hormigón.

En aquella década de los treinta, había un asunto que tenía en vilo a la familia Anchorena: la basílica del Santísimo Sacramento, que habían construido en 1916 para que se convirtiera en el sepulcro familiar y que se encontraba en la plaza San Martín. La familia vivía en el palacete que hoy es la cancillería, al otro lado de la plaza, y la intención de los Anchorena era comprar un terreno que estaba justo enfrente de la iglesia para construir ahí su nueva mansión, de manera que la parroquia quedara así anexada al hogar familiar.

Dispuesta a golpear donde más duele, cuentan que Corina Kavanagh dobló la apuesta por el solar y, tras comprarlo, ordenó a un estudio de arquitectos la construcción de un grandioso edificio con una sola intención: tapar completamente la vista de la iglesia desde multitud de ángulos. Pero sobre todo desde un punto: los ventanales de la mansión de los Anchorena.

Fue el rascacielos más alto de América Latina: treinta y tres pisos y ciento cinco apartamentos de lujo en el primer edificio de Buenos Aires que tuvo aire acondicionado.

Corina Kavanagh se reservó para ella el piso 14, de setecientos metros cuadrados. Solo tuvo que esperar catorce meses para habitarlo, que fue el tiempo que tardaron los constructores en finalizar el rascacielos, todo un récord para la época.

El objetivo de Corina se cumplió. Si ella no había podido tener el amor del hijo de Mercedes, tampoco los herederos de esta tendrían ningún tipo de visión ni

de conexión con la basílica del Santísimo Sacramento, ni siquiera a lo lejos. Hoy, el único lugar desde donde se puede ver la iglesia es el pasaje que se encuentra entre el hotel Plaza y la torre. Un pasaje que se llama Corina Kavanagh.

A la hora de las palabras
Sharon Olds

En la portada del libro se ve a un ciervo con su distintiva cornamenta saltando de un montículo a otro. Parece que está cruzando un abismo, o tal vez se está lanzando hacia él. Lo importante es que está en movimiento, en tránsito de un estado a otro. La ilustración del ciervo no es casual y pertenece a la marca de vino que solían tomar la poeta estadounidense Sharon Olds y su marido. Tal vez tenían una casa con un gran porche de madera, donde abrían botellas de ese vino que simbolizaba el hogar, la cercanía, el estar juntos después de tantos años compartidos.

El nombre del vino, Stag's Leap, que se traduce como «el salto del ciervo», coincide con el título de un libro de poemas de Sharon Olds en el que relata la historia de cómo su marido se fue con otra. Ella misma explicó que el dibujo del ciervo le recordaba a su marido «tirándose por un precipicio con tal de librarse de mí».

Estuvieron casados veintinueve años. Él era médico y en 1997 los abandonó a ella y a sus dos hijos por una compañera de trabajo. Cuando ocurrió —el salto, el precipicio, el ciervo y la cornamenta—, Olds escribió los cuarenta y nueve poemas que componen el libro. En «Innombrable», uno de ellos, cuenta el inicio del fin: «Él no da señales de ira, / yo no doy señales de ira más que en rasgos de humor. / Todo es cortesía y horror. Y después / del primer minuto cuando digo: "¿Se trata / de ella?" y él dice "No, se trata / de ti", no la nombramos más».

Sin embargo, no publicó esos poemas de inmediato. Los guardó durante quince años, los dejó madurar, como el vino que inspira el título del poemario. Permitió que adquirieran la distancia y el peso necesarios para revisarlos y preguntarse si aún tenían sentido, si aún importaban.

Uno de los poemas más conmovedores del libro es «Los curanderos», en el que Sharon recuerda cómo su marido siempre se levantaba cuando escuchaba el anuncio de «Si hay médicos a bordo, por favor identifíquense». Él compartía la profesión con su nueva pareja, por lo que Olds imagina a ambos levantándose al mismo tiempo, convertidos en cigüeñas con maletines colgando de sus picos. El poema concluye con una reflexión definitiva: «Fue como / fue, él no se sentía feliz cuando a la hora de las palabras / era yo quien se ponía en pie».

El poemario *Stag's Leap* se publicó en 2012 y recibió dos premios, el Pulitzer y el T. S. Eliot. El increíble talento de Sharon Olds le sirvió para mirar, como el ciervo de la etiqueta, al abismo de la separación, al dolor, y convertirlo en materia literaria.

En el libro hay poemas que exploran la tristeza, la ira, la negación, y que se enfrentan a ese coro de voces que la juzgan por no haber superado aún a su ex. Ella responde que sí, tal vez tengan razón, pero se equivocan al llamarlo «ex» porque lo que no ha superado no es a la persona, sino la imagen que tenía de él. «No lo conocía a él, / conocía mi idea de él», dice en uno de los poemas. Es esa idea, esa concepción del amor acumulada durante veintinueve años, lo que Sharon Olds tuvo que aprender a superar. No se trataba tanto de superar el amor, sino de dejar atrás a la persona que fue mientras amaba.

Las páginas de *Stag's Leap* están divididas según las cuatro estaciones del año y la última parte se llama «Años después». Este libro tan peculiar está impregnado por el paso del tiempo, sus páginas están atravesadas por el peso de esos años que, aunque no ponen las cosas en su lugar, sí las van acercando allá donde deben estar. A la hora de las palabras, era ella la que se levantaba. Por eso era justo que también a ella le perteneciera la última palabra.

La vida después del abandono
Camille Claudel y Auguste Rodin

La escultura se llama *El abandono* y es una versión que hizo Camille Claudel de una obra llamada en un inicio *Sakuntalá*, hecha en terracota e inspirada en una leyenda hindú que forma parte del poema épico del *Mahabharata*: Sakuntalá es una joven que, después de enamorarse del rey Duchmanta, sufre un trágico destino debido a una maldición que le impide ser reconocida por su amado cuando finalmente se reencuentran.

En la aproximación de Camille Claudel se representa al rey Duchmanta, arrepentido y arrodillado, pidiéndole perdón a la hermosa Sakuntalá tras una larga separación. La escultura se mostró por primera vez en el Salón de París en 1888 y años más tarde, en 1905, Claudel esculpió otra versión, esta vez en mármol, que lleva por nombre *Vertumno y Pomona*, y representa a la diosa de la fruta Pomona y su enamoramiento con el dios Vertumno.

En la versión definitiva, llamada *El abandono*, fundida en bronce, Claudel hacía suyos los símbolos de Sakuntalá y Pomona, leyendas que de alguna manera reflejan el amor y la posibilidad —o imposibilidad— del reencuentro, y les daba una vuelta más: lo que antes era amor ahora se revestía de desgarro y lejanía.

Camille Claudel soñaba con ser escultora. Alrededor de 1884 entró por la puerta del estudio de Auguste Rodin para ser su asistente y este no solo quedó subyugado por su talento y su belleza, sino por aquella intuición que le decía que esa mujer sería su alma gemela. Él tenía cuarenta y tres años; ella, diecinueve. En poco tiempo, Camille se convirtió en su modelo, amante, fuente de inspiración y compañera artística. En busca de privacidad, decidieron compartir un taller privado en la casa conocida como Folie Neubourg, donde ella colaboraba en la obra de su mentor y trabajaba en sus propias obras como *Sakuntalá* (1888), el *Busto de Rodin* (1889) o *El gran vals* (1892), llenas, todas ellas, de un fuerte contenido emocional.

La historia de amor entre ellos empezó bien, pero lo que siguió fueron diez años de tormento. Supuso un punto de inflexión en la escultura de Rodin. Si bien él le presentó a las grandes figuras del París de la época y la ayudó a convertirse en la grandísima escultora que fue, también la relegó al incómodo papel de amante, de discípula, cuando lo cierto era que trabajaban y colaboraban como iguales en el estudio, a pesar de que el genio de Camille se diluyera frente a la celebridad de Rodin. Los inicios son fáciles, luego la felicidad requiere de cierto esfuerzo y Rodin, que estaba casado, nunca se separó, a pesar de sus promesas, de Rose Beuret.

Este triángulo amoroso sería la inspiración de una de las obras más importantes de Claudel: *La edad madura*, conjunto escultórico en el que la propia Camille se muestra arrodillada y suplicante ante su ruptura con Auguste. Ella se dirige hacia él, pero este le da la espalda mientras una mujer mitad ángel mitad bruja, que representa a Rose Beuret, se lo lleva.

De manera que en el vínculo entre Camille y Auguste no solo cabían pasión y entendimiento. Hubo peleas, celos, un aborto y muchos desencuentros que desembocaron en un final esculpido en *El abandono*, que adquiere un significado totalmente distinto al de

las versiones anteriores. En ellas había entrega, fidelidad y un amor genuino. Sin embargo, la última toma un cariz bastante triste y quizás representa el último abrazo o el beso de dos amantes que se despiden. Porque ella misma lo hizo, despedirse. A punto de cumplir treinta años, tras una década de amor y trabajo conjunto, Camille puso fin a la relación.

«Es posible que no haya más memoria que la de las heridas», contaba el poeta polaco Czesław Miłosz, y después de su separación, de aquel aborto al que Camille se sometió obligada, la artista se encerró en su propio estudio y esculpió incansablemente cabezas de niños. Destrozó la mayor parte de ellas y dicen que los vecinos de su taller la oían aullar y llorar todo el día. También dicen que enloqueció y que conforme pasaban los años solo acabó relacionándose con las decenas de gatos que merodeaban por el estudio.

Un día, tres enfermeros echaron la puerta abajo y le pusieron una camisa de fuerza. Por orden de su familia fue ingresada en Montdevergues, un sanatorio psiquiátrico próximo a París. Nunca más volvió a esculpir nada y se le diagnosticó «una sistemática manía persecutoria acompañada de delirios de grandeza».

«No me dejes aquí sola» o «Reclamo a gritos la libertad» son algunas de las súplicas que Camille Claudel le dirigió a su hermano Paul Claudel, poeta y diplomático, a través de las cartas que le envió. Pero sus ruegos cayeron en saco roto: permaneció encerrada treinta largos años.

De manera que ese título de la escultura, *El abandono*, con el que quizás se refería a Rodin, era también un mensaje profético de lo que le ocurriría a ella misma, encerrada en un hospital psiquiátrico donde fue muriendo lentamente. Tenía setenta y nueve años cuando falleció y una vida tan trágica como fascinante a sus espaldas.

Hoy en día, *El abandono* es vista no solo como una obra maestra de la escultura, sino también como una manifestación del sufrimiento personal de Camille Claudel. Es un reflejo de su maestría técnica y su profunda sensibilidad, aunque también del aislamiento y la desesperación que la marcaron en vida.

En su correspondencia, Camille Claudel dejó escrito que Rodin se aprovechaba de ella, que las obras que presentaba como propias eran, en realidad, de los dos. Pero entre estas cartas también se encontró una de Rodin en la que él dejaba por escrito esa promesa que le había hecho en otras mil ocasiones, la de que ella sería la única mujer en su vida. Sin embargo, las promesas, como los deseos, solo sirven si se dotan de realidad.

Decía el historiador del arte Arnold Hauser que el pintor y cazador del Paleolítico creía que la representación pictórica no era su pensamiento sino la anticipación del efecto deseado, el acontecimiento real tenía que seguir de forma inevitable a la mágica simulación, estaba contenido en ella. Al mirar detenidamente *El abandono* hay algo que nos conecta con nuestros antepasados, con quien pinta la lluvia para que llueva, con quien cree que desear es útil y que conjugar un deseo de reconocimiento puede llevarnos a ser considerados y, en definitiva, encontrados.

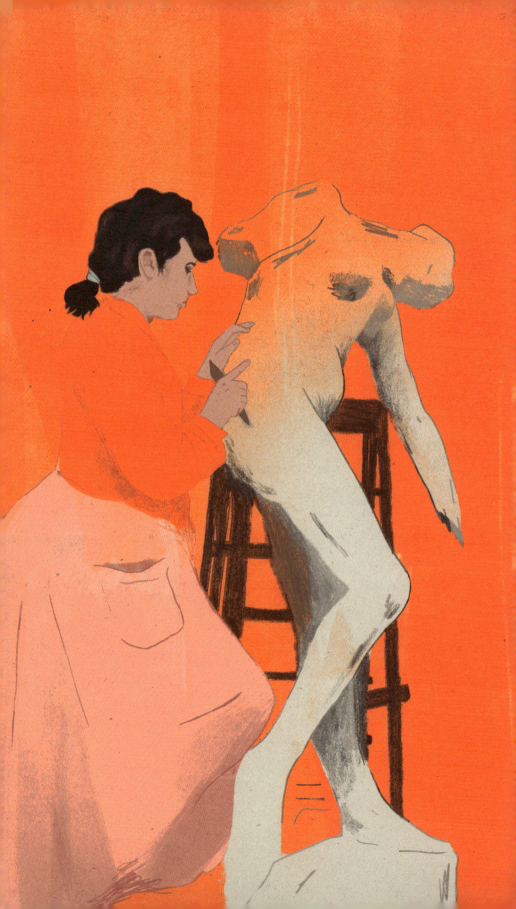

Sin cura —aún— para el desamor

Este libro no existiría si la premisa de la que parte la película *Eternal Sunshine of the Spotless Mind* (2004) —«Eterno resplandor de una mente sin recuerdos», que fue traducida aquí como *Olvídate de mí*— fuera posible. Dirigida por Michel Gondry y con guion de Charlie Kaufman, pone sobre la mesa esa gran pregunta: ¿eliminarías a alguien de tus recuerdos si tuvieras la posibilidad? La película narra la historia de Joel Barish (Jim Carrey) y Clementine Kruczynski (Kate Winslet), una expareja que, tras su dolorosa ruptura, decide someterse a un procedimiento que borra los recuerdos de su relación. La empresa Lacuna, Inc. es la encargada de llevar a cabo esta tarea, que pretende ayudarlos a atajar el larguísimo proceso de duelo.

Pero ¿es el recuerdo algo que tenemos o algo que hemos perdido?

Durante el proceso de eliminación, a medida que Joel revive esos recuerdos se da cuenta de que sigue queriendo a Clementine, y decide tratar de detener el borrado.

Olvídate de mí explora temas como el duelo por un amor perdido, el papel decisivo de los recuerdos en la construcción de la identidad, y esa lucha que experimentamos entre el deseo de evitar el sufrimiento y la necesidad de aferrarnos a aquello que aún amamos.

La ficción ha flirteado a menudo con esta idea poderosa, la de borrar o alterar nuestro pasado, y nos ha permitido imaginar o explorar la posibilidad no solo de eliminar, sino de reescribir nuestros recuerdos, experiencias o identidades pretéritas. Pero el pasado nunca muere; ni siquiera es pasado, decía William Faulkner.

Lo comprobó también Francis Ford Coppola en la interesantísima *Peggy Sue se casó* (1986). En ella, Peggy Sue (Kathleen Turner) es una mujer de mediana edad a la que se le concede la oportunidad de viajar al pasado para corregir sus errores y alterar el curso de su vida. Feliz de poder hacerlo, Peggy retrocede veinte años en el tiempo, consciente de que en el futuro se va a divorciar de quien en ese momento es su novio. Contra todo pronóstico, en lugar de casarse con el chico brillante de la clase, alguien que le hubiera convenido mucho más, como sabe desde el futuro, revive el amor por el hombre que más tarde sería su esposo. Es así como finalmente decide casarse de nuevo con él, a sabiendas de que le será infiel años después. Cuando Peggy regresa al presente, se da cuenta de que nada ha cambiado, pero esa breve vuelta al pasado le permite reencontrarse con las razones que la han llevado a tener la vida que tiene.

Una hipótesis similar plantea el magistral relato *En los sueños empiezan las responsabilidades*, de Delmore Schwartz. Un joven de veintiún años se encuentra en una sala de cine viendo una película que resulta ser el noviazgo de sus padres. Aparecen imágenes de su padre y de su madre, que se suceden sin que él pueda hacer nada. Atónito, observa cómo su padre acude a una cita a casa de sus abuelos maternos y cómo posteriormente le propone matrimonio a su madre en Coney Island. El joven está asustado y grita, deseando fervientemente intervenir en el curso de los acontecimientos. Debe impedir ese matrimonio. ¿Es que nadie más en la sala de cine se da cuenta? Él tiene una responsabilidad ante el futuro. Pero en la sala, los espectadores, lejos de ser conscientes, lo abuchean pidiéndole que se calle. El joven narrador no quiere hacerlo: sabe que lo que está ocurriendo es un error, que de ese matrimonio no saldrá nada más que odio, reproches y dos hijos —uno de ellos, él mismo— maltrechos, capados emocionalmente. Por eso, él siente que tiene el deber de detener toda esa farsa. Quien sueña tiene unas responsabilidades. Así que continúa gritando e intentando que el público se ponga de su parte, hasta que es expulsado del cine y despierta de su sueño. Ahí acaba el cuento. Aquí empiezan, sin embargo, las preguntas.

Borrar determinados elementos de nuestro pasado atenta contra el principio de autoconsistencia de Nóvikov (establecido a mediados de los ochenta por el doctor Ígor Nóvikov), que nos dice que todo cambio que hagamos en el pasado tiene que ser consistente con el presente. Y en concreto nos habla de la mayor y más inasumible de las inconsistencias: no podemos hacer algo viajando al pasado que nos impida viajar al pasado para hacer ese algo. Ergo, no podemos viajar al pasado ni modificar los acontecimientos que luego, en el presente, resultarán tan dolorosos, porque no sabemos qué ocurrirá después. Y volvemos a Faulkner: el pasado ni siquiera es pasado.

Le preguntaron a nuestra antropóloga de cabecera, a Helen Fisher, si el hecho de entender cómo funciona el proceso mental del desenamoramiento hacía que para ella fuera más difícil enamorarse. Sonriendo, Fisher respondió que no. Lo hizo con un símil: todos conocemos lo poco saludable que es un trozo de pastel de chocolate y ahí seguimos, comiéndonos hasta las migajas.

Otro como tú
Adele

En la canción, una chica pasea por los márgenes del Sena. Es una madrugada en blanco y negro y una poderosa voz le canta a alguien que ya no está, que se ha ido, lo que parecen ser las primeras líneas de una carta. Se trata de una canción de despedida llena de buenos deseos —*I wish nothing but the best for you*—, y se lo canta ella, que parece ser que no ha *rehecho* su vida, a él, que sí que lo ha logrado.

(Un breve inciso aquí, porque es perverso y tendencioso el uso del verbo *rehacer*, que alude a haber vuelto a tener pareja sentimental. Si no la tienes, por mucho que la vida te trate fantásticamente bien, no la has rehecho).

Sea como fuere, mientras esta voz poderosa le desea lo mejor —aunque no llega a sonar del todo convincente—, le dice que no se preocupe, porque ya encontrará a otro. Pero a otro... «como tú». Bien podría haberse detenido ahí y dejar claro que mira hacia el futuro, y sin embargo, ella completa la frase: *Never mind, I'll find someone like you* en vez de *someone else*. Lo que viene siendo un poco paradójico, incluso contradictorio, porque es difícil avanzar retrocediendo.

También es cierto que el filósofo Leszek Kołakowski contaba una anécdota que le había sucedido cuando viajaba en un tranvía en la Varsovia estalinista de los años cincuenta. Los pasajeros iban apretujados en los vagones y oyó que el revisor gritaba: «¡Avancen hacia atrás! ¡Avancen hacia atrás!», y algo parecido ocurre en esta canción.

«Someone Like You» pertenece al álbum *21*, que ha vendido nada más y nada menos que treinta y un millones de copias alrededor del mundo. Tras la historia del álbum se esconde la propia biografía de la cantante: cuando Adele comenzó a trabajar en su segundo disco conoció a un fotógrafo diez años mayor que ella, un hombre que le abrió las puertas de un mundo lleno de literatura, de cine, vino y viajes, y que se convirtió en una figura clave en su vida. La suya fue una relación intensa y formaban, según sus propias palabras, una de esas parejas tan compenetradas —o empalagosas según para quién— en las que uno termina las frases del otro.

Él, de quien no sabemos su nombre, aunque los fans de Adele le llaman «Mr. 21», le cambió la vida, y cuando rompieron, un año y medio después, la cantante se encontró, de repente, sin saber cómo seguir a partir de entonces. La pregunta fue, quizás, cómo se sigue cuando desaparece esa persona que te ha enseñado a vivir de otro modo, y la respuesta de Adele, después de ese primer momento lleno de vacío y desconcierto, fue contundente: gracias a la música, a sus canciones.

Adele llegó a decir en público que al hombre que le había roto el corazón tenía que agradecerle haber ganado seis Grammy y que un hit suyo ocupara los primeros puestos de las listas en el mundo. Lo que no era del todo cierto porque, si bien el desgarro ayudó, el talento, la voz y el don para la creación eran suyos.

En la actualidad, Adele tiene ya cuatro discos a sus espaldas, *19*, *21*, *25* y *30*, que hacen referencia a las edades que tenía ella en el momento de su creación.

En *25*, otra canción se convirtió, como en el caso de «Someone Like You», en un fenómeno. Se trata de «Hello». En el videoclip, una mujer, que vuelve a ser

la misma Adele en blanco y negro, llama a su ex y le dice que lo siente y que se acuerda de cómo era la vida cuando estaban juntos. Le dice que le gustaría verlo después de tantos años para arreglar las cosas.

Cabría preguntarle a Adele qué cosas pueden arreglarse cuando están rotas o por qué pensar que el tiempo soluciona lo que no supimos solucionar nosotros. Pero lo interesante del caso es que esa letra se convirtió en una suerte de espejo que, según un estudio realizado a 41.000 mujeres y hombres sin pareja, inspiró a que un 64 por ciento de las mujeres sintieran el deseo de llamar a sus ex para volver con ellos. Un dato significativo es que solo un 17 por ciento de hombres habría sentido ese mismo deseo según este estudio, que adolece de curiosas lagunas. Para empezar: ¿sintieron un deseo y terminaron llamando?, ¿o solo fantasearon con la idea? ¿Qué nos cuenta ese porcentaje tan distinto entre hombres y mujeres? ¿Será que los hombres creen menos en el arte del *kintsugi*? Y las/los que al final llamaron ¿qué dijeron al descolgar el teléfono? ¿Un *Hello, it's me*? ¿Hubo respuesta? ¿Tuvieron por contestación un piiiip-piiiip-piiip rápido...?, ¿falta de cobertura?, ¿colgaron? ¿Sí? Quizás sí. Pero esto tampoco lo aclaraba el estudio.

El pasado es un territorio incierto, otras leyes rigen por esos lares. A los que dicen que al pasado no hay que volver ni para tomar impulso habría que responderles que esa es una opinión fantástica, pero que los invitamos a que nos cuenten, años después, qué tal les fue cuando finalmente reapareció aquello que no quisieron resolver en el momento en que había que hacerlo. Vale para todo: amor, trabajo, malentendidos, amistades, sueños. Por eso, avancen hacia atrás, esta frase que también acuñó Alain Finkielkraut podría ser un gran lema para vivir y eso bien lo sabía Adele.

El tema «Hello» era esa respuesta que nacía ya, por fin, del otro lado, del que llama para acordarse de los buenos momentos. Del que ha *rehecho* su vida en el buen sentido del verbo, ese que no implica solo volver a tener pareja.

Aunque Adele haya negado que esta canción sea una continuación de la otra, en cierto modo lo es. Lo dice claramente: *Hello, it's me.* Sí, pero *from the other side.*

Autorretrato desde mi cama
Tracey Emin

Tracey Emin se pasó cuatro días sin salir de la cama. No podía. Sufrió un colapso tras una traumática ruptura y decidió —o su cuerpo lo hizo por ella— que no podía moverse.

Ahí, entre sábanas y almohadones, la artista británica fue dejando que su pena brotara. Acumuló, sin casi darse cuenta, toda clase de desechos, de desperfectos.

Noventa y seis horas dan para acumular mucho. Colillas. Pastillas anticonceptivas. Unas medias. Ropa interior. Sábanas manchadas de sangre. Vómito. Periódicos arrugados. Una botella de vodka.

Al cabo de cuatro días se levantó para beber agua y vio en qué se había convertido su cama: un caótico desastre. Fue aquel lío de objetos, aquella decadencia, lo que le hizo comprender que aquella cama era un símil de su vida y del momento exacto que atravesaba.

En lugar de arreglar aquel desaguisado, pensó: «¡Oh, Dios mío! ¿Qué pasa si me muero y me encuentran aquí? ¿Y qué pasaría si todo esto no estuviera aquí, sino en otro lugar? ¿Cómo se vería entonces?». Aquella cama hecha de ruinas congelaba un momento de su vida, retrataba perfectamente a la Tracey que había quedado tras esa ruptura.

Mi cama (1998) se convirtió en una polémica instalación que se montó y se exhibió en 1999 en la Tate Gallery. Emin define su obra como «un autorretrato, pero no uno que a la gente le gusta ver». La suya es una de las obras más emblemáticas del movimiento de los Young British Artists (YBA), al que también pertenecieron Damien Hirst, los hermanos Chapman, Steve McQueen, Chris Ofili, Sarah Lucas o Mark Wallinger.

El 24 de octubre de 1999 ocurrió una anécdota curiosa: dos artistas chinos que estaban visitando la exposición comenzaron de repente a desnudarse. Luego saltaron sobre la cama y se enzarzaron en una pelea de almohadas. El público presente en ese momento, al ver la escena, supuso que debía de ser parte de la obra, así que empezó a aplaudir y a animar. Los guardias de seguridad, creyendo que probablemente se trataba de una intervención de Tracey Emin, no les pararon y permitieron que la pelea de almohadas continuara durante quince minutos. Cuando se deshizo la confusión, detuvieron a los artistas en medio de los abucheos del público a los guardias.

La inesperada intervención fue bautizada con el título de *Dos hombres desnudos saltan en la cama de Tracey*. De hecho, los artistas confesaron que su intención inicial era desnudarse por completo —en la realidad se dejaron los pantalones— y mantener relaciones sexuales, que era lo más apropiado para un espacio como aquel, una cama deshecha.

Mi cama no fue la primera vez que Tracey Emin habló de su vida privada. En 1995, la artista creó otra especie de autorretrato con la obra *Everyone I Have Ever Slept With 1963-1995*, más conocida como *The Tent*. Se trataba de una tienda de campaña real, bordada con los nombres de las ciento dos personas con las que había compartido la cama hasta ese momento. Aunque a menudo se interpreta de manera literal, como una obra que revela el número de sus parejas sexuales, en realidad va más allá de eso: también incluye los nombres de las personas con las que se limitó a dormir, sin que necesariamente se produjera un encuentro sexual. Así, *The Tent* abarca a familiares, amigos, compañeros de copas, amantes. El suelo de la tienda estaba cubierto con el texto: «Conmigo misma, siempre conmigo misma, nunca lo olvido».

Con respecto a *Mi cama*, las ruinas del pasado de Emin perviven ahora en nuestra memoria. En una suerte de distorsión del espacio privado, lo que en origen fue algo muy personal e íntimo, una historia compartida entre dos, se transformó en público, en accesible. En algo que, de algún modo, nos pertenece.

Seguramente, cuando Emin piense en ese lecho que no compartió con nadie más, recuerde por unos instantes a la persona que fue. Recordará también que a veces sale a cuenta no hacerse la cama. Hace unos años, alguien pagó por esta obra 3,2 millones de euros.

Ted y Sylvia. Sylvia y Ted. Y Assia. Y todos los demás
Sylvia Plath, Ted Hughes y Assia Wevill

Se conocieron en 1956 en una fiesta en la Universidad de Cambridge. Había, suponemos, música de fondo. El tintineo de las copas y la cháchara distendida de los estudiantes que se toman un descanso. Ella, quizás, se pasaría un mechón de pelo por detrás de la oreja al verlo. Sonreiría, coqueta, ante sus maneras seductoras.
Sylvia y Ted. Ted y Sylvia.
Él era la gran promesa de la poesía inglesa, ella, su equivalente norteamericana. Él venía de la clase baja rural de Yorkshire, ella, de la intelectualidad judía de Boston. Él hablaba de las fuerzas oscuras de la naturaleza; ella, de la prisión en la que se había convertido su mente. Dos horas después de conocerse, ya se habían acostado y se habían dedicado un poema el uno al otro. Cuatro meses más tarde, aún bajo el influjo de ese arrebato, se casaron, y su matrimonio duró seis años.
Parecía que aquella unión había sido bendecida por las musas. Sin embargo, como dijo el poeta Seamus Heaney, «cuando dos poetas tan originales se unen, cada línea que escribe uno le da al otro la sensación de que fue extraída de su cráneo. A cierto grado de intensidad creativa, que la musa le sea infiel a uno con su pareja debe de ser más insoportable que verla enredada con un ejército de amantes».
El poema que Sylvia le escribió al conocerlo era extraño, como si se tratara de una premonición o de una manera de vivir.

*Una pantera macho me ronda, me persigue:
un día de estos me matará.*

Lo encabezaba una cita de Racine que dice «*Dans le fond des forêts votre image me suit*». Al fondo del bosque tu imagen me sigue, como si aquella introducción fuera una metáfora de todo lo que habría de venir.

La imagen de Ted siempre la rondaba. Pero no era el Ted que ella deseaba. Ese estaba fuera. En otros mundos, en otras conquistas. Con otras mujeres.

Tuvieron dos hijos —Frieda y Nicholas— y una convivencia tormentosa, angustiante, que se refleja en la obra poética de los dos. Y en los tortuosos diarios de Sylvia. Tras varios años de relación llena de sufrimiento, Ted Hughes los abandonó. A Sylvia, a Frieda y a Nicholas. Se fue a vivir con una mujer casada, la también poeta Assia Wevill.

Sola, en medio de un invierno durísimo, con escasos medios económicos, Sylvia Plath, que era proclive a la depresión, se levantaba a las cuatro de la madrugada para concebir sus poemas antes de que se despertaran sus hijos. Mientras escribía, la acompañaba permanentemente esa sombra llamada Ted, o abandono-de-Ted, que daba forma a algunos de sus textos, como «Canción de la mañana», en el que muestra su desesperación ante la marcha de su marido.

Un día, Sylvia, que había intentado suicidarse en otras ocasiones, tuvo suficiente. Tenía treinta años. Fue el 11 de febrero de 1963. Preparó el desayuno para sus hijos, abrió la espita del gas e introdujo la cabeza en el horno.

Los últimos versos de Sylvia Plath fueron escritos en la misma mañana de su muerte. Se levantó, anotó algunas reflexiones en su diario y continuó trabajando en

varios poemas. El último poema completo que dejó fue «Edge» (Borde), que explora la idea de una mujer que encuentra una paz definitiva a través de la muerte. La imagen del «borde» en el título sugiere la frontera última entre la vida y la muerte, ese lugar final de transición.

En su icónico «Lady Lazarus», ya había dejado escrito un verso que anticipaba su visión de la muerte: «Morir / es un arte, como todo lo demás».

No podremos leer los diarios de su último año. En el momento en que se suicidó, pese a que ya había puesto en marcha el divorcio, aún era, legalmente, la esposa de Hughes, que destruyó el cuaderno que contenía las entradas hasta tres días antes de la muerte de Plath. Lo hizo, según dijo, para proteger a sus hijos.

Pero la historia no terminó ahí.

Ellos tres, Sylvia Plath, Ted Hughes y Assia Wevill, compusieron algo así como un triángulo de la muerte. Porque la sombra de Sylvia minó la relación de Assia con Ted. Y la tragedia se repitió la noche del 23 de marzo de 1969, cuando la amante de Hughes dejó abierta la llave del gas de su piso de Londres y murió, llevándose también la vida de la hija de ambos, Shura: «Sylvia está creciendo en Ted, enorme, espléndidamente. Yo me encojo día a día, mordisqueada por ambos. Me comen», escribió Assia en su diario.

«La muerte de mi primera mujer fue complicada e inevitable. Llevaba en esa pista la mayoría de su vida. Pero la de Assia pudo evitarse. Su muerte estaba totalmente bajo su control, y fue el resultado de una reacción a la acción de Sylvia», afirmó Hughes.

En la escritura de Hughes no hay huellas de su relación con Assia. Con Sylvia fue distinto. Ella es el motor que impulsó *Cartas de cumpleaños*, publicado en 1998 por un Ted enfermo de cáncer y sabiéndose cercano a la muerte. Se trata de un diario poético dirigido a su mujer en el que había estado trabajando desde el día en que se suicidó. Considerado su mejor libro, se vendió medio millón de ejemplares, algo insólito para un poemario, aunque no sirvió para borrar el estigma que pesaba sobre él.

Hugues escribe a Plath desde el silencio, repasando su vida juntos, ahondando en sus continuas depresiones y en la difícil relación que Sylvia había mantenido con su padre en la infancia. El libro no es una justificación ni una disculpa, sino el testimonio de una persona que solo rinde cuentas a otra: a Plath. Aquel puñado de poemas ofrecía todo lo que Hughes tenía para revelar sobre Plath y él y Assia Wevill («¿cuánto de tu muerte se debió a mis insanas decisiones? / ¿y cuánto de la muerte de ella a mis insanas indecisiones?»).

Es difícil leer a Ted obviando el dedo acusador que lo señala como el tiránico seductor que infligió tal nivel de sufrimiento a aquellas dos mujeres que le amaron.

En la lápida de Sylvia Plath aparece con su nombre de casada: Sylvia Plath Hughes, y fue vandalizada varias veces en las décadas de los ochenta y noventa con la intención de eliminar el apellido de Ted. Como si borrándolo pudieran borrarse también el estigma y el dolor, el horno, el gas y la orfandad de esas otras vidas que terminaron en el mismo lugar que Sylvia.

Sobre desaparecer en una piscina
David Hockney y Peter Schlesinger

David Hockney sabía que las piscinas, en su inofensiva apariencia de claridad, custodian los secretos de la vida. El pintor británico llegó a Los Ángeles en 1964 y, ya al aterrizar, desde la ventanilla del avión, se enamoró de ese paisaje salpicado de todas esas islas de un azul asombroso, magnético, de esas ventanas que miran al cielo y guardan la memoria de todo lo que en ellas se asoma.

Seducido por el exotismo de las piscinas, que en Inglaterra se percibían entonces como un lujo, las convirtió en un tema central de sus obras en los años sesenta y setenta. Pero más allá de la fascinación que despertaban en él, estas le ofrecían a Hockney un gran desafío formal: el de plasmar el agua, que cambia constantemente y dificulta una representación precisa. Tal vez, más que por las piscinas, Hockney se sintiera cautivado por las posibilidades del agua, por su superficie fracturada y por lo que queda tras la estela de un chapuzón, ese instante fugaz de ruptura en el que es imposible saber qué ocurrió antes o qué sucederá después.

A los veintiocho años, mientras impartía un curso de dibujo en la UCLA, Hockney conoció a Peter Schlesinger, del que se enamoró. Sería su primer gran amor, y el artista lo retrató en numerosas ocasiones y en diversas poses. Por ejemplo, en *The Room, Tarzana* (1967). Vivieron en Los Ángeles y en Londres y su relación terminó a principios de los años setenta. La ruptura quedó

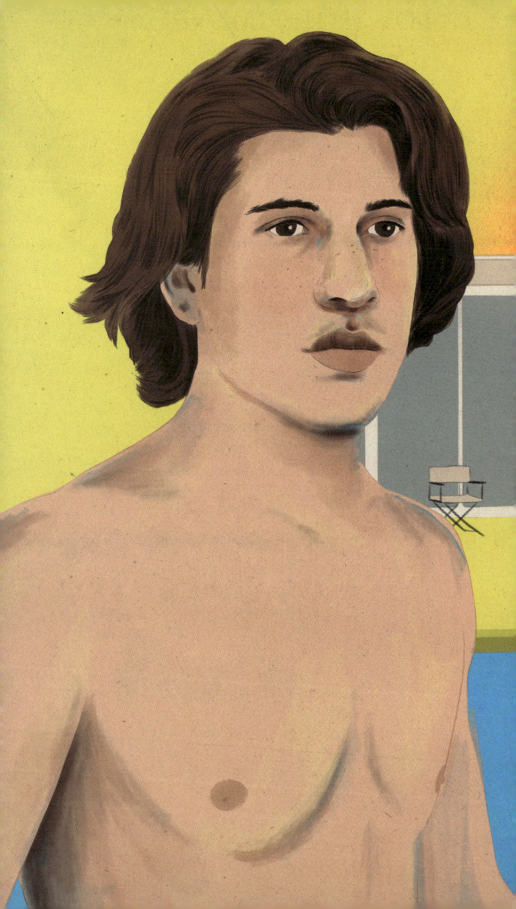

documentada en *A Bigger Splash*, una película dirigida por Jack Hazan, que fue muy rompedora para la época porque abordaba sin tapujos el amor y el desamor en una relación homosexual. Hazan comentó que, después de verla, Hockney se encerró en su habitación durante dos semanas y expresó su deseo de no haber conocido nunca a Schlesinger.

A Hockney le seducía la idea de capturar la esencia del momento decisivo, de ese instante fugaz que en la vida real dura apenas unos segundos. En la pintura *A Bigger Splash*, de la que toma el título el documental, muestra un momento congelado en el tiempo: un chapuzón sin figura humana. La superficie del agua se fractura y, bajo ella, nadie puede saber qué está ocurriendo. ¿Qué sucede después de que la presencia humana haya desaparecido? ¿Regresará? ¿Es cuestión de tiempo?, ¿de saber esperar?

Pero la obra de Hockney de esos años no solo habla de ese instante en que el agua se rompe. En *Portrait of an Artist (Pool with Two Figures)*, fechado un año después de su ruptura con Schlesinger, retrata un desamor. Su desamor. A modo de terapia, Hockney se volcó en ese cuadro trabajando dieciocho horas al día sin parar durante dos semanas. El resultado es una de las pinturas más emblemáticas del autor y un rotundo éxito de crítica y público. En la superficie de la piscina vemos hipnóticas ondulaciones y, bajo el agua, una figura que bucea casi hasta tocar el borde. Fuera, con una chaqueta rosa, la segunda figura mira al que bucea y parece perdida en sus pensamientos, lo que da una sensación de introspección y desapego. No queda del todo claro quién es el que bucea, si un amor pasado, si un amor que llega, si el propio Hockney, vulnerable y frágil, casi sin respiración mientras trata de alcanzar la superficie. Hay quien interpreta esta pintura como una metáfora de la nueva vida de Schlesinger, mostrando a otro hombre que nada hacia él. Como si Hockney reconociera el amor perdido y le deseara así felicidad a su ex y a su nueva pareja. Como si pintar pudiera ser útil para soltar. Para agradecer la oportunidad de haber aprendido al fin tantas cosas acerca del *splash* definitivo.

Pronto fue demasiado tarde
Marguerite Duras

Había una vez una mujer llamada Marguerite Donnadieu que nació en un país que ya no existe. O no, perdón: el país sí existe, pero ya no se llama Indochina, ese nombre evocador y mítico que lo designaba. Ahora se llama Vietnam. La mujer fue antes una niña, y esa niña, Marguerite, conoció la pasión y el amor a los quince años con un oficial chino mucho mayor que ella.

Así contada, podría parecer la historia de una película. Y, de hecho, esa película, de Jean-Jacques Annaud, existe. Desde el cartel oficial nos mira una chica bellísima con dos trenzas que le caen a ambos lados del rostro, enmarcándolo. En el centro, un carácter chino de vivísimo color rojo parece una advertencia.

La película es la adaptación de un libro. Y ese libro podríamos decir que es otra adaptación, en este caso, de la realidad. En Saigón, la Indochina francesa, fue donde Marguerite Duras vivió una desgarradora y precoz historia de amor que reflejó en *El amante*, el relato de un despertar. En la novela, una escritora, la propia Marguerite, evoca sus años de juventud y las apasionadas aunque tumultuosas relaciones que marcaron no solo su vida sino también la de su familia, esos desgarradores amores y odios que tallaron en su rostro los surcos de una madurez prematura.

Tardó mucho en escribir esta novela, que dice al principio: «Muy pronto en mi vida fue demasiado tarde». Tenía setenta años y más de cuarenta libros a sus espaldas cuando regresó al inicio, a su infancia y adolescencia, para reencontrarse con aquella Marguerite que ya no estaba, que se había quedado esperando —pero a quién, quizás a ella misma— en ese país en el limbo, que tampoco existía ya, al que también le habían cambiado el nombre. «Nunca he escrito creyendo hacerlo, nunca he amado creyendo amar, nunca he hecho nada salvo esperar delante de la puerta cerrada».

Los recuerdos del amor, de la pasión, son el motor de la escritura, pero también la venganza. En una conversación al hilo de *El amante*, premio Goncourt de 1984 y auténtico *best seller* mundial —se vendieron más de 1,6 millones de ejemplares solo en Francia—, Duras le confesó al crítico Bernard Pivot: «De entrada, se escribe para vengarse. Todo el mundo lo hace, aunque luego haya un proceso detrás que te aleja de ese objetivo. Pero el móvil más poderoso y habitual para escribir es el ajuste de cuentas».

Años más tarde, en 1991, publicó *El amante de la China del Norte*, y regresó a esta historia para contarla de nuevo. Y hay que recordar que también había hablado de aquella relación, aunque de manera más subrepticia, en *Un dique contra el Pacífico*, donde la mencionaba haciendo hincapié en las escaseces económicas de su familia. No se intuye, en esa primera aproximación, la historia de amor, sino el mero pragmatismo. Necesitaban dinero, tan simple como eso.

No sabremos nunca la verdad de cómo esa niña de quince años vivió realmente esos encuentros con un rico oficial chino de veintisiete años. Como decía Maurice Blanchot: «Si he escrito novelas, las novelas surgieron cuando las palabras empezaban a retroceder ante la verdad». La conciencia, la moralidad y los valores que nos rigen cambian velozmente, en apenas unas décadas.

Así que tal vez esa Duras que regresó a sus inicios romantizara su experiencia y la dotara de sentido porque así lo necesitaba. *El amante* puede leerse, entonces, como el resultado de la ira de Duras contra su madre y contra su pasado, un relato urdido por las enormes ganas de sacar a la luz unos trapos sucios. Pero, tal vez, en *El amante de la China del Norte* prevalezca la necesidad de volver a amar, de volver a sentir y a recordar el placer. Porque recordar, lo dice su propia etimología, es volver a pasar por el corazón.

El amante chino de Duras se llamaba Lee Von Kim. Una de las últimas cosas que ella supo de él fue que se convirtió al cristianismo, se casó con una mujer con quien su padre le había concertado matrimonio y formó una familia.

Sin embargo, años después de que todo aquello sucediera, Lee localizó a Marguerite en Francia, cuando ella ya era un personaje conocido. Duras lo cuenta en el último párrafo de *El amante*:

> Años después de las guerras, después de las bodas, de los hijos, de los divorcios, de los libros, llegó a París con su mujer. Él le telefoneó. Soy yo. Ella le reconoció por la voz. Él dijo: solo quería oír tu voz. [...] Y después ya no supo qué decirle. Y después se lo dijo. Le dijo que era como antes, que todavía la amaba, que nunca podría dejar de amarla, que la amaría hasta la muerte.

Así que la llamó para decirle una única cosa, que la seguía amando. Había pasado tiempo, mucho tiempo, pero no el amor.

Relámpagos. Cambios. A ti
Richard Linklater

Hay poemas que, más que poemas, son redes invisibles que tejen lo que no está. Lo invocan como si pudieran traer de vuelta lo oculto, lo que se ha ido. Este poema —«Cambio», de Adam Zagajewski—, por ejemplo, dice así:

> *Hace meses que no escribo*
> *ni un solo poema.*
> *Vivía humildemente leyendo los periódicos,*
> *pensando en el enigma del poder*
> *y en las causas de la obediencia.*
> *Contemplaba puestas de sol*
> *(escarlatas, muy inquietantes),*
> *sentía cómo callaban los pájaros*
> *y cómo la noche iba enmudeciendo.*
> *Veía girasoles que agachaban*
> *la cabeza al ocaso, como si un desatento*
> *verdugo paseara por los jardines.*
> *En el alféizar se iba acumulando*
> *el polvo dulce de septiembre*
> *mientras las lagartijas se escondían*
> *en los salientes de los muros.*
> *Salía a dar largos paseos,*
> *y deseaba tan solo una cosa:*
> *relámpagos,*
> *cambios,*
> *a ti.*

Pero no ocurre solo con la poesía. También hay películas que, más que películas, son redes invisibles que tejen lo que no está. Lo invocan como si pudieran traer de vuelta lo oculto, lo que se ha ido.

El cineasta Richard Linklater sabe algo de eso.

En 1989, en un viaje a Nueva York, hizo una parada en Filadelfia para visitar a su hermana. Entró en una tienda de juguetes y allí se cruzó con una joven llamada Amy Lehrhaupt. Tal vez al principio se mirarían tímidamente, intentando averiguar hasta qué punto aquel sentimiento repentino era mutuo. Pero ese primer contacto bastaría para que decidieran pasar la noche juntos, para desear conocerse y contarse sus respectivas vidas. En aquellas horas compartidas hubo risas, fantasía, reflexiones sobre el arte, la vida, la filosofía, la sensación de conocerse desde siempre. También coqueteos, besos. Hubo, en definitiva, tiempo para enamorarse, porque nadie ha establecido aún cuántas horas son suficientes —acaso ninguna— para que eso suceda. Fue, digamos, uno de esos raros encuentros que luego tan poco se prodigan en la vida. Después, cada uno regresó a sus rutinas. Se prometieron seguir en contacto. Eran jóvenes, así que probablemente se dijeran que tenían todo el tiempo del mundo para volver a encontrarse.

Esta es la historia real que recuerda, claro, a una película llamada *Before Sunrise* (Antes del amanecer), que se estrenó seis años después, en 1995. En una entrevista para *The New York Times*, Linklater afirmó haber imaginado esa película en el propio encuentro con Amy, y que incluso se lo mencionó a ella. Pensó: «Si pudiera capturar este sentimiento que estoy teniendo ahora». Y lo hizo. Lo capturó en una película que trataba de resguardar el singular y poderosísimo vínculo que surge entre dos extraños que parecen conocerse desde siempre.

Está protagonizada por su trasunto, Jesse (Ethan Hawke), y el de Amy, Céline (Julie Delpy). A la hora de convencer a Ethan Hawke para que formara parte de la cinta, lo hizo con el siguiente argumento: «Nunca he tenido un accidente de helicóptero, nunca he estado envuelto en una trama de espionaje..., pero lo más interesante que me ha ocurrido en la vida fue la sensación de conectar con otro ser humano».

Before Sunrise, una película clave en la filmografía de Richard Linklater, alcanzó el estatus de clásico de culto. En ella, un joven estadounidense, Jesse, y una estudiante francesa, Céline, se conocen por casualidad en un tren y deciden bajarse en Viena para pasar una noche inolvidable mientras conocen la ciudad. Podríamos decir que la película carece de trama propiamente dicha: en ella dos personas se encuentran y lo que ocurre es lo que les ocurre a ellas. La película se —nos— pregunta por lo que hacemos con los encuentros significativos, si somos capaces de reconocerlos o si, como Jesse y Céline, decidimos que ya habrá tiempo para hacer *algo* con ellos.

En la vida real, Linklater y Lehrhaupt siguieron un tiempo en contacto, pero la distancia no se lo puso fácil, de manera que aquella noche de Filadelfia se fue diluyendo con el paso del tiempo.

Linklater contó que cuando se estrenó *Before Sunrise* a veces fantaseaba con la posibilidad de que Lehrhaupt apareciera en alguna de las proyecciones y dijera algo parecido a «Oh, hola, soy Amy. ¿Me recuerdas?». Pero no hubo suerte. Entonces decidió hacer una segunda parte en la que abordaría sus sentimientos de una manera un poco más obvia. ¿Quizás así encontraría a Amy?

En la segunda película de la trilogía, *Before Sunset* (Antes del atardecer), Jesse había escrito un libro sobre

su noche con Céline y los dos se reencuentran nueve años después, cuando Céline asiste a una de las lecturas de Jesse en París, y así comienza su segundo encuentro. Pero tampoco esta vez apareció Amy.

Cuántas veces el arte surge de esa llamada de atención, de ese pájaro, el *Moho braccatus*, que canta sin saber que está solo bajo la lluvia. Que no queda nadie más, que su canción está condenada a perderse en la tormenta. Cuando Linklater se estaba planteando rodar la última entrega de la trilogía, *Before Midnight* (Antes del anochecer), recibió una carta de una amiga de Amy contándole que había fallecido en un accidente de moto el 9 de mayo de 1994, un año antes del estreno de *Before Sunrise*. Amy nunca llegó a ver la película.

Existen episodios que ocurren pocas veces en la vida. Ojalá una señal lo advirtiera para que no los dejáramos a merced del azar o del tiempo, forzados a convocarlos después en una película, en un poema que busca relámpagos, cambios, a ti. Por eso son tan certeros los argumentos de los que se valió Linklater para convencer a Ethan Hawke. Tirarse en paracaídas resulta más fácil —y entraña menos riesgo— que sentarse junto a un extraño que parece conocernos desde siempre. Lo difícil, claro, es saber qué hacer con ese riesgo, dónde guardarlo. La respuesta no es en el arte.

Amy cierra la trilogía de Richard Linklater. En el minuto 1:47:56 de *Before Midnight*, al final de todos los créditos, a punto ya del fundido a negro definitivo, aparece ella: *In memory Amy Lehrhaupt*.

Respirar por la herida
Søren Kierkegaard y Regine Olsen

Existen heridas que se cuidan para que nunca se cierren por completo. Su dolor es un recordatorio de que estuvimos vivos, una manera como otra de agarrarse a lo que se ha ido. El peligro de convertirlas en el centro de la vida, en ese lugar *desde el que y a partir del que*, es que nada nuevo sucede ahí. Solo la quietud, lo inmóvil, lo estático. El pasado. Al hilo de las heridas que uno desea mantener con vida, muchos comentaristas y biógrafos de Søren Kierkegaard coinciden en que su filosofía no habría sido la misma, o quizás ni siquiera hubiera existido, sin la influencia del profundo desamor que vivió con Regine Olsen.

En su caso, el sufrimiento amoroso fue una carga que él mismo se impuso, temeroso de que ella no pudiera sobrellevar el peso de esa insondable tristeza con la que él había convivido en su infancia. Kierkegaard nació en 1813 en una familia maldita, o eso creía él. Su padre se había casado en segundas nupcias con la sirvienta y había tenido siete hijos con ella, incluyendo a Søren, pero entre 1819 y 1834 la madre y cinco de los hermanos murieron. Este drama familiar sumió a su padre en una profunda crisis de fe, convencido de que había despertado la ira de Dios con sus pecados. Søren, como hijo, absorbió esa atmósfera de oscuridad, de culpa no redimida. La sensación de ofensa divina quedó impresa en él. Sus biografías subrayan el peso de ese sufrimiento como la clave para entender la obsesión de Kierkegaard por el pecado y su posterior dedicación a la teología en la Universidad de Copenhague.

El 8 de mayo de 1837, Kierkegaard vio por primera vez a Regine Olsen, de dieciséis años, y poco después escribió en su diario:

> Tú, reina de mi corazón, oculta en el secreto más profundo de mi pecho, en la plenitud de mi idea de vida, allí donde se está a la misma distancia del cielo y el infierno, ¡desconocida divinidad! ¿Puedo realmente creer a los poetas cuando dicen que la primera vez que se ve el objeto amado uno piensa haberlo visto desde mucho antes, que el amor como todo conocimiento es recuerdo, que el amor de un único individuo también tiene sus profecías, sus tipos, sus mitos, su Antiguo Testamento? Dondequiera, en el rostro de cada muchacha, veo los rasgos de tu belleza...

Se había enamorado.

A lo largo de los tres años siguientes fueron viéndose con regularidad hasta que finalmente se armó de valor y le confesó sus verdaderos sentimientos. El 8 de septiembre de 1840 Kierkegaard salió de su casa con la firme intención de declararse.

Fue en busca de Regine y se la encontró sola en su casa. Incómodo, Kierkegaard le pidió que tocara alguna pieza, pero mientras ella estaba al piano él se levantó y, en un impulso, le confesó que no le importaba la música, que solo le importaba ella, que llevaba tres años tratando de decírselo. Regine, sorprendida, se quedó en silencio. Después aceptó casarse con él y, más tarde, como dictaban las costumbres de la época, Kierkegaard fue a ver a los padres de Regine para pedir su mano. Les dieron su aprobación.

Durante un año, Regine Olsen y Søren Kierkegaard estuvieron prometidos, y a lo largo de ese periodo Kierkegaard le escribió lo que no son solo cartas de amor —un poco crípticas, eso sí—, sino verdaderas obras de arte que traslucen las incertidumbres de ese joven filósofo que duda acerca de si su melancolía podrá ser comprendida, de si Regine podrá acompañarlo en su aventura espiritual. Estas dudas son tan profundas, tan angustiantes, que el 11 de agosto de 1841, sin razón aparente, Kierkegaard le hace llegar una carta a Regine devolviéndole el anillo de compromiso y comunicándole que rompe su promesa de matrimonio.

Por su parte, Regine creía estar enamorada de su tristeza y, al leer la carta, se sintió desfallecer. Corrió desesperada a casa de Kierkegaard y, como no lo encontró, le dejó una nota suplicándole que no la abandonara e incluso amenazó con suicidarse. A partir de entonces Kierkegaard intentó disuadirla a través de la indiferencia. Le envió cartas en las que, sin tapujos, le aseguraba que ya no la amaba. Según él, si Regine se daba cuenta de lo cruel que podía llegar a ser, si veía con sus propios ojos lo bajo que podía caer, podría olvidarlo más fácilmente. Pero no funcionó. Estaba tan afectada que él decidió ir a hablar con ella. Lo hizo con una actitud aún más cínica, más cruel.

No cabe duda de que Kierkegaard amaba a Regine, que no dejó de amarla nunca, que los remordimientos por su crueldad lo torturaron el resto de su vida. En esa época, romper un compromiso matrimonial suponía un acto muy grave, y socialmente colocaba a la prometida en una posición difícil. Ante esto, Kierkegaard optó por asumir toda la culpa, cargando con el peso de la ruptura, quizás para proteger a Regine del desprestigio y del escarnio.

Después de romper, el filósofo se marchó un tiempo a Berlín, pero no pudo olvidar a Regine, o quizás, aunque esto es una suposición, lo que no olvidó fue su culpa, su incapacidad. Cuando Kierkegaard regresó a Copenhague, se enteró de que Regine iba a casarse. En ese instante, ante la pérdida definitiva, ella se transformó en una suerte de letanía que Kierkegaard repetía una y otra vez en cada una de sus obras, en un eco que no cesa y del que llenó su escritura. Regine ya no era Regine, sino su idea de ella. A través de la repetición sin fin de esa alegoría, de esa metáfora en la que la convirtió, mantuvo encendido su sufrimiento.

El marido de Regine, preocupado por la tristeza que las cartas semanales de Kierkegaard infligían en su esposa, le prohibió mantener contacto con él. Fue en ese momento cuando Kierkegaard se vio cara a cara con una soledad profunda y definitiva. Desde esa sombra, comenzó a crear. La soledad se transformó en su herramienta más preciada, el manantial de donde manaba su pensamiento. Era necesario volver a la herida de Regine una y otra vez, manteniendo abierta esa fuente de vida y de oscuridad.

En la bellísima película *Loreak* (2014) —«flores» en euskera—, a la protagonista le regalan un ramo que coloca en un jarrón con agua. Le explican entonces un pequeño truco para alargar la vida de las flores: debe cortar un pedazo de los tallos cada día. Al hacerlo, les crea una nueva herida, y a través de ella estas pueden seguir absorbiendo el agua que las mantiene frescas. Cuando los tallos se vuelven oscuros y las flores ya no pueden absorber más agua, de nuevo llega el momento de cortar. Por eso, concluye la protagonista: «Entonces hay que mantener la herida abierta».

Sin esa herida permanentemente viva de Kierkegaard, su filosofía no hubiera sido la que es. Quizás decir que no habría sido filósofo es ir demasiado lejos, ya que su interés por la fe, la existencia y la libertad individual precedía a su relación con Regine, pero, en su ausencia, el eco infinitamente repetido de Regine se convirtió en el impulso de su escritura. Se trata de esto mismo que, en determinados momentos, hemos hecho todos: respirar por la herida, ir rebajando los tallos para seguir viviendo un poquito más a través de ese corte necesario hasta que quizás un día —con suerte y si uno lo permite— cicatriza.

Objeto de destrucción. Objeto indestructible
Lee Miller y Man Ray

En 1923, el fotógrafo y artista Man Ray se hizo con un metrónomo. De su péndulo colgó la fotografía recortada de un ojo. La obra, que pretendía ser una escultura surrealista, seguía la estela de los trabajos *readymade* de Marcel Duchamp. Fue bautizada como *Objeto para ser destruido* y es fácil intuir por qué: el constante tictac del metrónomo, combinado con la imagen del ojo vigilante y controlador, producía un hartazgo considerable.

Sin embargo, con el tiempo, el metrónomo terminó adquiriendo otra función. En 1932, cuando su pareja, la fotógrafa y fotoperiodista Lee Miller, lo dejó, Man Ray cayó en una fuerte crisis emocional. Sumido en la tristeza más profunda, sacudido por la angustia que le había causado la ruptura, regresó al metrónomo y sustituyó la fotografía del ojo anónimo por una del ojo de Lee Miller, su expareja. Además, cambió el título de la obra por *Objeto de destrucción*. Para asegurarse de que no quedara lugar a dudas sobre el mensaje, escribió en la parte trasera del aparato un breve manual de instrucciones:

>Coloca en el péndulo de un metrónomo el ojo de la persona amada a la que ya no volverás a ver.
>Pon en marcha el metrónomo hasta el límite de tu resistencia. Con un martillo, intenta destruirlo de un solo golpe.

La propuesta de Man Ray invitaba a mirar el eterno balanceo de ese ojo conocido para recordarnos el poder hipnótico que el amor ejerce sobre nosotros. Man Ray creía —quería pensar— que el desamor podía destruirse, como si acabando con un pobre metrónomo pudiéramos aplacar también el dolor que produce la desaparición de ese ojo —de esa mirada— que ya no podemos volver a ver.

Él nunca rompió aquel *Objeto de destrucción*. En un acto de justicia poética, otros lo hicieron por él. Veinticinco años después, durante una exposición en París, un grupo de estudiantes siguió al pie de la letra las órdenes de Man Ray y destrozaron la escultura.

Lo azaroso de esta historia es que con el dinero que le pagó el seguro, Man Ray compró otros cien metrónomos para reelaborar la obra en serie. Eso sí, esa segunda vez se lo pensó mejor y bautizó su escultura con el nombre opuesto: *Objeto indestructible*. Quizás porque, lo creamos o no, a veces el amor sobrevive.

En un irónico poema llamado «Oración», la poeta uruguaya Cristina Peri Rossi decía: «Líbranos, Señor, / de encontrarnos / años después, / con nuestros grandes amores», pero en alguna ocasión también los poetas se equivocan en sus ruegos, porque en este caso, en 1937, Lee Miller y Man Ray se reconciliaron y permanecieron cerca el uno del otro durante el resto de sus vidas. Sin metrónomos. Sin ojos vigilantes. Siendo conscientes de que el amor, en algunas afortunadas ocasiones, aunque cambie de forma, termina encontrando su lugar.

La palabra que falta
Emily Dickinson y Susan Huntington

Decía Emily Dickinson que el «para siempre» está hecho de muchos «ahoras». Se refería, quizás, a que existe una cotidianidad menuda e indistinguible, ese dibujo escondido que va formando el rastro de los días, oculto tras el grandilocuente «para siempre». Deteniéndonos en su propia biografía, de lo que verdaderamente está compuesto su «ahora» es de palabras. Palabras para tejer el mundo desde esa habitación de la que apenas salió. Palabras en forma de poemas y cartas que le sirvieron para conocer la realidad, para atravesarla y recorrerla, para dotarla de significado. Pero también para estrechar una distancia, los escasos metros que la separaban de la mujer a la que amó a lo largo de toda su vida.

No supimos de la existencia *real* de esa mujer hasta hace muy pocos años. Porque de Emily Dickinson nos llegaron algunos datos, aunque no todos son ciertos. Sí sabemos que nació en 1830 en Amherst, Massachusetts, ese lugar donde pasaría toda su existencia, donde escribió cerca de mil setecientos poemas y poco más de mil cartas (aunque solo publicó diez poemas en vida). Sabemos que vestía de blanco y estuvo un año en un internado religioso, pero no aguantó más. Que apenas salía de su casa, de su habitación —con su escritorio de madera, y su lámpara de aceite, y el papel floreado que cubría la pared, y las ventanas desde las que contemplaba el paisaje al que sus poemas se encaminaban en mitad de la noche—. Pero lo más cierto que se ha dicho de ella es que fue la cumbre de la poesía norteamericana del siglo XIX, a cuya altura solo están Walt Whitman o Herman Melville.

También nos han llegado otros datos, un poco más tergiversados y fraudulentos, que son deudores del contexto histórico y de sus propias estrecheces. Decían que era rarita. Una solterona. Un ser asexual. La mística y virginal muchacha que finalmente se quedó para vestir santos. Una mujer frustrada por el amor no correspondido de un hombre casado. En definitiva, a Emily se le atribuyeron amores imaginarios, inventados con el fin de que se ajustaran a la convención de lo políticamente correcto en su época. Y en ese lugar angosto donde la encerraron no cabía un nombre, el de Susan Huntington Gilbert.

Susan y Emily fueron compañeras de estudios en la Academia de Amherst, aunque su vínculo se estrechó el verano de 1850, cuando Emily tenía veinte años y quedó impresionada, al igual que su hermano mayor, Austin, por la mente de aquella matemática erudita. Aquel verano, ambas se dedicaron a ser dos amigas que se pierden en largas caminatas por el bosque, que intercambian libros, que se leen poesía mutuamente. En realidad, se dedicaron a ser dos personas enamorándose y fue entonces cuando empezó una correspondencia intensa e íntima que perduraría a lo largo de toda una vida. «Nosotras somos las únicas poetas», le dijo Emily a Susan, «y los demás son prosa».

Susan se casó con Austin Dickinson en 1856 y ambos se mudaron a The Evergreens, la casa que el padre de Austin y Emily había construido para los recién casados enfrente de The Homestead, la casa donde vivía Emily. No obstante, la relación entre ellas siguió. Era una relación amorosa y carnal (con numerosos poemas eróticos), pero también estaba marcada por una

complicidad absoluta a nivel literario. Susan no solo era la amante de Emily, sino una figura esencial en su proceso creativo. Ella era uno de los pilares que impulsaban su escritura. Esta conexión tan genuina y única queda patente en una de las cartas de juventud que Emily le escribió a Susan: «Mi corazón está lleno de ti, nadie sino tú está en mis pensamientos y sin embargo, cuando intento decirte algo, me faltan las palabras. Si tú estuvieras aquí no necesitaríamos hablar, nuestros ojos susurrarían por nosotras».

Emily Dickinson tuvo que masculinizar sus poemas o, como ella decía, «ponerles una barba». Frecuentemente, cambiaba el género de los pronombres, tanto para referirse a sí misma como a sus seres queridos, desafiando las convenciones y reconfigurando su deseo dentro de la aceptable dinámica masculina-femenina. A menudo, Emily comparaba su amor por Susan con el amor de Dante por Beatriz, porque la relación entre ambas nunca llegó a ser del todo, o lo fue en la sombra, en el margen. Y quizás fuera esa manera de no-ser lo que estrechó ese hilo entre ellas que se fue tendiendo poema a poema, palabra a palabra, y a medida que Emily y Susan cruzaban a diario los metros que separaban sus casas, quizás se formara un corredor invisible —o que solo ellas podían ver— entre The Homestead y The Evergreens. Durante los siguientes veinticinco años, doscientos setenta y seis poemas —que se sepa— viajarían entre sus casas. Emily, recordemos, también había escrito aquel verso que dice que «la esperanza es esa cosa con plumas».

Este amor apasionado no fue bien visto por los albaceas literarios de Dickinson, que trataron de ocultarlo de muchas maneras. Para empezar, las cartas de Susan se perdieron. Se destruyeron. A la muerte de Emily, su hermana pequeña, Lavinia, descubrió toda su obra en el interior de un baúl. Su primera editora, la también escritora Mabel Loomis —que además era amante de su hermano Austin—, compiló sus poemas y cartas, si bien se tomó algunas licencias. En 1890 publicó una exitosa primera edición de su poesía, pero entre las licencias, más allá de reordenar poemas y versos, decidió eliminar una única palabra. Lo que no sería gravísimo si fuera un adjetivo, un adverbio, un verso olvidado e intrascendente. Pero Loomis tachó un nombre: Susan, que era la palabra que cambiaba por completo el sentido de la historia.

Más allá de las razones por las que lo hiciera —razones de honorabilidad social, quizás, o porque una relación lésbica era inimaginable, algo pecaminoso—, la obra de Emily Dickinson fue mutilada desde el primer momento, adaptada a las exigencias del contexto. Adrienne Rich fue una de las primeras en señalar la importancia que cobra en su poesía la relación con otra mujer: «Todos los estudios sobre el trabajo de esta poeta están afectados por el silencio y la clandestinidad histórica que rodean un elemento central en la vida y arte de Dickinson, la relación intensa de mujer a mujer, y por la presunción de que era una persona asexual o heterosexualmente "sublimada"».

La obra de Emily Dickinson ha resistido el tiempo y todos los atentados. Pero sobre todo, lo que ha sobrevivido es esta bellísima, y no siempre fácil, historia de amor llena de vaivenes, secretos, metáforas, alegorías, separaciones. Un amor a la intemperie, que nunca llegó a ser, colmado de deseo y de incertidumbre, que anida en el centro de un corpus poético que cambió el rumbo de la poesía norteamericana del siglo XIX.

No estamos tan solos
Peyton Fulford

Se estima que una persona pronuncia de promedio entre ochocientos sesenta y mil doscientos millones de palabras a lo largo de su vida. Quizás exista para todas esas palabras dichas, susurradas, escritas, un enorme basural como aquel del que hablaba Julio Cortázar a propósito de las explicaciones: «En algún lugar debe haber un basural donde están amontonadas las explicaciones. Una sola cosa inquieta en este justo panorama: lo que pueda ocurrir el día en que alguien consiga explicar también el basural».

La artista estadounidense Peyton Fulford sabe algo de esos etéreos basurales. Uno de sus proyectos se llama *Abandoned Love* y en él, a través de la plataforma Tumblr, pidió a gente de todo el mundo que fueran enviándole pensamientos, fragmentos de diarios, mensajes de textos relacionados con el desamor, y que tuvieran que ver con aquellas palabras que ya no sabían en qué lugar guardar. Fulford recibió frases de treinta países diferentes y transformó todo este activo intangible de frases y pensamientos en algo tangible. Primero lo plasmó en carteles en los que se leía, por ejemplo, I STILL DREAM OF YOU, YOU WERE NEVER MINE, YOU ARE ENOUGH, WHY DID YOU KISS ME, y luego buscó un sitio donde colgarlos.

Pero no se trataba de escoger un lugar cualquiera, sino de encontrar rincones solitarios y abandonados. Casas, garajes, antiguas tiendas, porches olvidados. De manera que todos esos espacios en avanzado proceso de deterioro fueron salvados del abandono gracias a palabras de abandono.

Peyton Fulford logró dar una dimensión universal a un momento privado, y su colección de fotografías de los carteles de *Abandoned Love* es, en realidad, una cosmovisión de la pérdida física y emocional que se sufre durante el desamor.

Los versos de un poema de Idea Vilariño fechado el 1 de octubre de 1969 dicen:

> *Uno siempre está solo*
> *pero*
> *a veces*
> *está más solo.*

En ocasiones, el arte funciona para cerrar círculos. Para salvar lugares abandonados con carteles que pueden decirnos muchas cosas pero básicamente una, que a veces no estamos tan solos.

WHY DID YOU KISS ME 3840

El pegamento dura lo que dura
Marina Abramović y Ulay

El sabio filósofo Roland Barthes planteaba un jugoso dilema con respecto a las relaciones, aquel que se pregunta si es mejor durar o arder, y este podría ser el lema de una pareja de artistas que atravesó, gracias a sus performances, una variedad de estados sentimentales que captan momentos determinados en la vida de una pareja. Se conocieron, se enamoraron e hicieron de su amor parte de su trabajo y, así, sus performances ahondaron en la naturaleza cambiante de los vínculos de la pareja. De *su* pareja. Son Ulay y Marina Abramović.

Empecemos por el final. Marina Abramović, en el MoMA, está sentada en una silla. Sola. Ataviada de rojo, impertérrita, aguarda a que el público se siente en otra silla frente a ella. La conocida performance, *The Artist is Present*, recuerda lo sumamente difícil que es mirar a los ojos a un desconocido. Fueron más de setecientas horas sentada, a lo largo de las cuales los visitantes del museo se iban sucediendo ante Abramović para sentir la intensidad de su mirada. Una cola interminable de gente, a la espera de mantener esa particular conversación silenciosa, logró que la silla siempre estuviera ocupada. De repente, llegó el turno de alguien que hizo que la mirada de Abramović cambiara. Se trataba de un hombre alto y delgado. Trajeado, con unas Converse negras y una mirada de un azul inescrutable. Ella abrió los ojos y, entonces sí, su rostro mutó hacia otro lugar. Tal vez hacia el pasado.

Nadie sabe qué habita tras la mirada ajena. Pero en los vídeos que atestiguan el encuentro se aprecia la intensidad con la que ambos se miran y, quizás, se reconocen. Se trataba del fotógrafo alemán Uwe Laysiepen, «Ulay».

Se habían conocido en 1976 en una performance de Marina en Ámsterdam. En ella, Marina se hería y Ulay cuidaba de sus heridas, que es una manera un tanto extraña y profética de conocerse. De enamorarse.

A lo largo de doce años fueron pareja en la vida y en el arte. Juntos crearon las performances más memorables de la carrera de ambos y exploraron los límites de la identidad, el cuerpo y la vulnerabilidad. Vivían por y para el arte una existencia nómada, viajando con su furgoneta Citroën destartalada de una ciudad a otra. «Nos conocimos un 30 de noviembre, el cumpleaños de ambos. Sentimos que, de alguna manera, habíamos encontrado a nuestra otra mitad. [...] El apodo con el que nos llamábamos el uno al otro era "pegamento", lo que ya da una idea acerca de cómo veíamos nuestra relación», dijo Abramović en el obituario que escribió tras la muerte de Ulay.

Se convirtieron en socios artísticos, y algunas de sus performances, que desafiaban límites tanto físicos como emocionales, exploraron temas como la simbiosis, la confianza mutua y el enfrentamiento. Entre sus obras más emblemáticas se encuentra *Relation in Time* (1977), en la que permanecieron sentados, atados por el cabello, durante diecisiete horas sin moverse, como una metáfora de las ataduras creadas por el amor (haciendo honor, quién sabe, a su mote). En *Breathing In / Breathing Out* (1977) se conectaron boca a boca e inhalaron el aire exhalado por el otro hasta estar al borde de la asfixia, simbolizando la interdependencia y el frágil límite entre el amor y la autodestrucción.

En *AAA-AAA* (1978), comenzaron a gritarse uno al otro hasta la extenuación, señalando el esfuerzo por comunicarse y las tensiones que se dan en una relación, para representar la violencia implícita en el amor. Finalmente, en *Rest Energy* (1980), Abramović sostenía un arco que apuntaba a su propio corazón y Ulay, frente a ella, mantenía la flecha tensa. Ambos debían mantener una posición muy concreta, recordatorio del delicado y casi imposible equilibrio entre confianza y peligro.

Pero el pegamento duró lo que duró. Después de más de una década juntos, la relación de Abramović y Ulay comenzó a deteriorarse. ¿Qué hacer con el amor después del amor? En 1988 decidieron realizar una acción llamada *The Lovers: The Great Wall Walk*, que terminó siendo el broche final a su relación amorosa. Había sido concebida unos años antes, cuando decidieron contraer matrimonio en la Gran Muralla china. Su idea consistía en caminar desde extremos opuestos y casarse cuando las trayectorias de ambos se encontraran. Con lo que no contaban fue con la lentitud del gobierno comunista, así que, tras largas negociaciones, consiguieron empezar la performance cuando su relación estaba ya rota. Como habían vivido de diseccionar sus sentimientos, el final también merecía un desenlace a la altura, de modo que acordaron separarse de una manera extraordinaria: Ulay partió desde el desierto de Gobi y Marina desde el mar Amarillo a lo largo de la Gran Muralla y se encontraron en el centro para una «última despedida».

Abramović lo describió así: «Ese paseo se convirtió en un completo drama personal [...]. Tras caminar cada uno dos mil quinientos kilómetros, nos encontramos en el medio y nos despedimos. Necesitábamos de alguna forma un desenlace como de película. Al final los dos estaríamos siempre solos, hiciéramos lo que

hiciéramos». Y sí, se convirtió en una despedida de película, ciertamente, aunque de una forma distinta a la que probablemente hubiera imaginado Marina, porque, a lo largo de esa marcha, Ulay, que viajaba acompañado de su traductora al chino, la dejó embarazada. Así que el último acto, que concluiría con su relación tras noventa días caminando, tuvo lugar en Er Lang Shan, en Shenmu, provincia de Shaanxi, donde se abrazaron y Ulay confesó a Marina que su traductora y asistente esperaba un hijo suyo. «¿Qué hago?», le preguntó Ulay. «Vete a donde el diablo perdió la zapatilla», imaginamos que respondió ella.

No volvieron a hablarse durante veintidós años. Pero *The Lovers: The Great Wall Walk* no era el final. No del todo. La vida aún les deparaba un acto más, en la sala del MoMA, donde Ulay apareció inesperadamente. Después de que sus miradas se encontraran, Marina extendió sus brazos sobre la mesa. Sus manos. Las dejó ahí, a la espera. Ulay sonrió y las cubrió con las suyas.

Seguiremos sin saber si es mejor durar o arder. Ellos ardieron, convertidos en ese pegamento cosido de mitos y metáforas, llevaron al extremo sus propios límites, duraron, se separaron, anduvieron dos mil quinientos kilómetros buscando un final de cine, y finalmente, después de ese entrelazar sus manos en el MoMA, su relación volvió a mutar y se enfrentaron en una disputa legal sobre derechos de autor por la que Abramović acabó pagándole a Ulay doscientos cincuenta mil dólares. Un colofón no tan performativo, mucho menos de película, que nos recuerda que lo prosaico es a veces un buen final de esa performance que es el amor después del amor.

El desamor de mi vida
(A modo de epílogo)

Son los abandonados los que narran las historias de amor. La necesidad de contar —en todas sus formas y manifestaciones— se relaciona con el deseo de dar con la pieza que falta, con vestir la incertidumbre de relato. Por eso, es difícil tratar de imaginar el relato que hubiera contado Carl Bernstein, o el de esa Jenny-Summer de *500 días juntos*, o el del bueno de François Pelou. Ninguno de ellos necesitó escribir la historia, porque la conocía. Además, si la hubieran escrito —filmado, dibujado, escenificado—, no habrían salido especialmente bien parados. Y una verdad que pocos artistas reconocen es que la mayor parte de las cosas que hacemos, además de para encontrar un sentido, las hacemos para que nos quieran.

El duelo amoroso es un tema tan amplio que ha sido abordado a lo largo de los siglos desde las perspectivas más diversas que quepa imaginar. El sujeto enamorado no puede escribir el fin de la historia, que decía Barthes, porque no lo controla, solo maneja los restos. Pero, si bien no puede escribir el final, sí puede decidir qué hacer con él.

Nadie escapa al desamor. Por ello, en ocasiones me sorprendo encontrando diálogos imposibles, correspondencias divertidísimas entre sesudos filósofos y cantantes de reguetón. Si existe un fenómeno verdaderamente democratizador es que te rompan el corazón. A este respecto, en el prólogo de *Sangre de amor correspondido*, de Manuel Puig, la escritora Paulina Flores contaba que se había reído «con un meme que planteaba este clásico dilema del olvido amoroso: "Me espanta absolutamente el carácter discontinuo del duelo", dijo Barthes. "Pensaba que te había olvidado, pero pusieron la canción", dijo Bad Bunny».

A lo largo de la reescritura de este libro me he ido encontrando con varias de estas disparatadas y maravillosas correspondencias. Hace poco regresé a ese documental que tanto me había impresionado, *All the Beauty and the Bloodshed* —sobre la fotógrafa Nan Goldin y el ocaso de la familia Sackler tras las demandas judiciales a las que tuvieron que enfrentarse, y que fue nominado al Oscar a la mejor película en su categoría en 2023—, y anoté una frase de Goldin que dice: «Solía pensar que nunca perdería a nadie si lo fotografiaba lo suficiente. De hecho, mis fotografías me muestran lo mucho que he perdido». Fue azaroso que poco después, al entrar en una tienda, sonara de nuevo Bad Bunny y su *DtMF*: «Debí tirar más fotos de cuando te tuve. / Debí darte más beso' y abrazo' las vece' que pude».

Por seguir con las correspondencias, hace unos días, en el interior de un taxi, me topé con otra, en este caso entre Emmanuel Lévinas y Ana Belén. Esta última cantaba que «Sé que existo si me nombras tú» y caí en la cuenta de que sus letras son un guiño a la ética de Lévinas, que sustituyó el cartesiano «pienso, luego existo» por «soy amado, soy nombrado, luego soy». Es decir, yo soy cuando otro me nombra. O mejor, si me nombras tú.

Anne Carson escribe en *Variaciones sobre el derecho a guardar silencio* que existen palabras que no pueden ser traducidas, y que «hay algo fascinantemente atractivo en lo intraducible, en una palabra que permanece en silencio durante el proceso de traducción». Ese silencio, afirma, tiene una relevancia tan profunda como las propias palabras que han sido dichas o pronunciadas. El poeta Tomas Tranströmer también recoge esa idea de la centralidad de lo no dicho, de la imposibilidad de decir lo importante, en un poema llamado «Góndola fúnebre»: «Lo único que quiero decir / reluce fuera de alcance / como la plata / en la casa de empeños». Pero David Bisbal se suma a la conversación con un tema llamado justamente *Silencio*: «Del amor que tú me diste, silencio. / Tan grande, tan vacío y tan muerto». De lo que no se puede hablar hay que callar: lo afirma la proposición séptima del *Tractatus logico-philosophicus* de Ludwig Wittgenstein.

En realidad, para regresar una vez más el enunciado más manido de Tolstói, todos los artistas infelices se parecen y, sin embargo, los felices —suponiendo que existan— lo son cada uno a su manera. Y así, nos une a todos —a David Bisbal, a Nan Goldin, a Bad Bunny, a Lévinas, a mí— la intemperie, el deseo de querer buscar un lugar para el final que no hemos escogido. En una de las escenas más brillantes de la serie *Fleabag*, la protagonista se declara a Andrew Scott, ese cura que se planteará su vocación por ella, en un momento precioso. Ella le dice «*I love you*». Expectantes, nosotros deseamos una respuesta a la altura. Buscamos el «*I love you too*». Pero él le responde con un escueto, aunque amable, «*It'll pass*». Es decir: pasará. Y esa escena, que se ha convertido en pantallazo memorable, circula entre nosotros como el recordatorio de que también esto pasará. (Pero habrá que hacer algo, darle un relato, así que volvemos a las páginas iniciales de este libro).

A menudo, como es lógico, agradecemos la existencia de esas personas a las que agrupamos bajo el grandilocuente título de «el amor de mi vida». Desde aquí un pequeño guiño a esas otras, a las que aguardan bajo un paraguas menos lucido, el de «el desamor de mi vida». Sin ellas, la historia del arte sería corta. Cortísima. Y, además, mucho menos divertida.

Este libro se terminó
de imprimir en
Casarrubuelos, Madrid,
en el mes de
abril de 2025